钱穆先生

钱穆板书

1931年,钱穆在北京大学的课堂上

澹泊明志

寧靜致遠

乙未孟冬穆自港來
台參加赴日文化教
育訪問團獲與
袁午先生作伴長日
進隨如飲醇醪
覺心醉特書諸葛
孔明語寫似岳念

錢穆

钱穆墨迹

1955年，钱穆在新亚书院除夕联欢会上

1957年，英国大学委员会代表富尔顿博士（左三）为香港设立中文大学来港，访问新亚书院时合影留念

1963年，新亚书院、崇基学院、联合学院合并组为香港中文大学。钱穆等三院院长与李卓敏校长合影（左起：钱穆、李卓敏、容启东、郑栋材）

1960年，钱穆赴美讲学，在香港机场留影

1960年，钱穆在美国耶鲁大学讲学时与耶鲁大学校长格瑞索博士合照

1957年，钱穆（左一）颁发大学毕业证书予叶龙

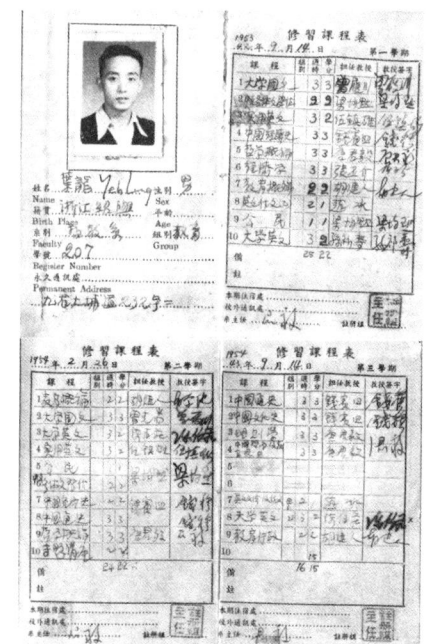

叶龙的新亚书院学生证，修习课程表上有钱穆及其他教授签字。1954年间叶龙修习钱穆"中国通史"等多项课程

香港美国新闻处举办"论世界和平"征文比赛，图为柯约瑟（中）处长与获奖者。右为学生组，左为成人组。冠军叶龙（左三）、亚军黄开华（左二）均为新亚书院学生

叶龙曾经为钱穆笔录多次学术讲演。图为1961年叶龙在孟氏基金会举办的学术演讲上，被委派为钱穆讲演"中国历史研究法"做记录

叶龙展示自己和钱师的合影

叶龙展示钱穆签名的英文聘书

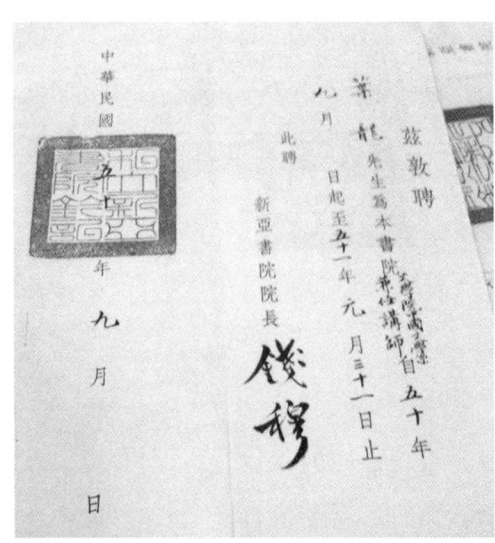

钱穆落款，当年给叶龙颁发的聘书

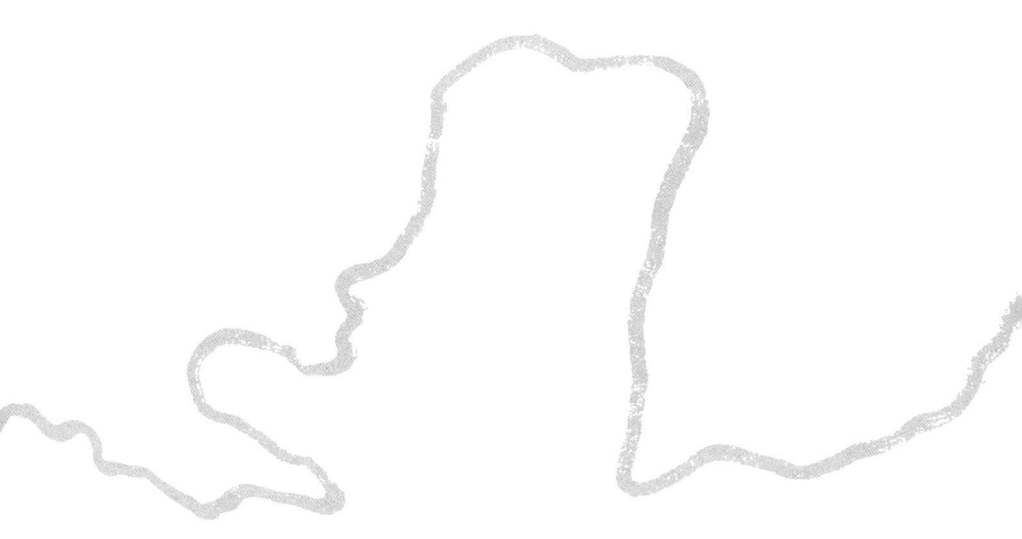

钱穆珍稀讲义

中国通史

〔插图珍藏版〕

钱穆 讲述
叶龙 记录整理

天地出版社 | TIANDI PRESS

图书在版编目（CIP）数据

中国通史 / 钱穆讲述；叶龙记录整理. —成都：天地出版社，2023.1
（钱穆珍稀讲义）
ISBN 978-7-5455-7338-1

Ⅰ.①中… Ⅱ.①钱… ②叶… Ⅲ.①中国历史 Ⅳ.①K20

中国版本图书馆CIP数据核字（2022）第222444号

ZHONGGUO TONGSHI
中国通史

出品人	杨　政
讲　述	钱　穆
记录整理	叶　龙
责任编辑	陈文龙　林　凡
责任校对	马志侠
封面设计	奇文云海
内文排版	尚上文化
责任印制	王学锋

出版发行	天地出版社
	（成都市锦江区三色路238号 邮政编码：610023）
	（北京市方庄芳群园3区3号 邮政编码：100078）
网　址	http://www.tiandiph.com
电子邮箱	tianditg@163.com
经　销	新华文轩出版传媒股份有限公司

印　刷	北京兰星球彩色印刷有限公司
版　次	2023年1月第2版
印　次	2023年1月第1次印刷
开　本	880mm×1230mm　1/32
印　张	9.25
字　数	218千字
定　价	258.00元（全三册）
书　号	ISBN 978-7-5455-7338-1

版权所有◆违者必究

咨询电话：（028）86361282（总编室）
购书热线：（010）67693207（营销中心）

如有印装错误，请与本社联系调换。

序

叶 龙

业师钱穆宾四先生著《国史大纲》，钱师尝称："中国为世界上历史最完备之国家，其特点有三：一者悠久，二者无间断，三者详密。"全书约五十万字，在抗日战争前后写成。此书沾溉于后世，至今仍风行海内外，于两岸及香港，多次重印，其受欢迎之程度，犹胜于昔。

宾四师在创办新亚书院期间[1]，曾先后开讲"中国通史"多次，在下亦曾修习，并详作笔录，今整理成《中国通史》一书。撰《国史大纲》之时，宾四师亦另编国史

---

1 编按：1949 年，钱穆与唐君毅、张丕介等在香港创办新亚书院，并出任首任校长。当时名为"亚洲文商学院"，后于 1950 年改组并易名为"新亚书院"。

按语共分三种："钱按"为钱先生当时所解释；叶龙按语均作"叶按"；编者所加注释均作"编按"。下同。

读本,供学生课堂外之阅读,读本凡得百万字。宾四师尝言:"凡读本所取裁,一以与课堂讲述相副相应为主,其详略轻重之间,视袁氏《纪事本末》诸书,有大相径庭者。"以谓于课堂外先治此书,可药高心空腹之病。今《中国通史》简至十余万字,出版方谓之"《国史大纲》课堂版、极简版",深以为然也。此书之于《国史大纲》,犹前《国史大纲》之于读本,两者详略轻重,各有互补。爰将此稿整理出版,以供读者参考。而记录难免有疏失之处,尚祈读者不吝指正。凡有一字之改正,皆吾师也。

/ 目 录 /

第一篇
第一章　中国历史的分期　002
第二章　黄帝与殷墟文化　004
第三章　夏、商、周三代　009

第二篇
第四章　古代史之文字记载与器物发掘　014
第五章　周代历史已非传疑　018
第六章　东周时期　021
第七章　春秋时期　024
第八章　战国时期　028

第三篇

- 034　第九章　秦　代
- 041　第十章　西汉时期
- 048　第十一章　秦汉对外政策
- 058　第十二章　东汉时期
- 063　第十三章　东汉之士风
- 075　第十四章　东汉末年

第四篇

- 080　第十五章　魏晋南北朝
- 087　第十六章　北　朝
- 090　第十七章　五胡汉化
- 095　第十八章　南　朝
- 099　第十九章　宗教信仰

第五篇

第二十章　隋代政经状况　110

第二十一章　唐代政经状况　113

第二十二章　唐玄宗　120

第二十三章　唐代衰落　123

第二十四章　唐代异族之乱　125

第二十五章　五代十国　129

第六篇

第二十六章　宋代对外关系　136

第二十七章　宋　代　139

第二十八章　宋代之文艺复兴　145

第二十九章　宋太祖与仁宗　151

第三十章　王安石变法　155

160　第三十一章　女真族金国兴起

164　第三十二章　金灭北宋

165　第三十三章　南宋与金之交往

第七篇

170　第三十四章　蒙古入主中国

173　第三十五章　元代税收与经济政策

175　第三十六章　元代军政及军民争地

178　第三十七章　元政府赐田及设官政策

181　第三十八章　元代之宗教信仰

183　第三十九章　元代之科举制度

第八篇

第四十章　明太祖严刑施政　188

第四十一章　明代之政事　191

第四十二章　明代太监弄权　194

第四十三章　明代之党祸　197

第四十四章　明代之教育制度　199

第四十五章　明代之吏治　204

第四十六章　明代之政制　207

第九篇

第四十七章　自唐至明南北经济之变动　212

第四十八章　中国经济文化南移之原因　218

第四十九章　南方水利农业之发展　221

第五十章　宋元明三代之学术　225

第十篇

230　第五十一章　满洲兴起至入关
233　第五十二章　南明之兴亡
236　第五十三章　清代之政制
239　第五十四章　清代之军事
241　第五十五章　明末遗民与清初学风
244　第五十六章　清代之政风与洪杨之乱
247　第五十七章　咸同中兴
249　第五十八章　晚清之政局
253　第五十九章　晚清之政治改革
255　第六十章　辛亥革命后之政局

第一篇

第一章 中国历史的分期

第二章 黄帝与殷墟文化

第三章 夏、商、周三代

第一章 中国历史的分期

讲历史必须分期,但不能严格分期。

西方人把历史分成上古、中古和近代三个时期,但中国史如此来分则不妥当。如果把秦代以前划分为上古,虽然可以,但由于中国史时间长,所以不妥当。我今把中国历史分为五期。

中国历史在上古以前,尚有史前期。按照一般来说,历史是有文字记载,由于近代发掘地层而新添地质学、生物学、人类学,因此又有史前史,再上去有天文学,这些都是学历史必然要有的知识。

有文字记载以前的历史,叫作史前史,靠器物(用具)

第一章

中国历史的分期

保留于地下,借着发掘而推想古代人民的生活文化,这既是古人的历史,也是田野的历史,亦是无文字的历史。一般来说,这是第一期的石器时期。这第一期又可分成两个时期:(一)旧石器时期,(二)新石器时期。古人懂得用石头,也不把它磨光削尖,就拿来用,此之谓旧石器;而把石头加以磨光削尖等处理后才加以运用的,便是新石器了。

第二期便是铜器时期。此时期已有文字。

第三期则是铁器时期。铁之发现是在铜器之后。

第四期是电器时期。

第五期是原子能时期。使用原子能是人类历史的新观点。

全人类在史前史时,都经历过使用旧石器和新石器两个时期,此后讲历史便得根据历史的记载。

第二章 黄帝与殷墟文化

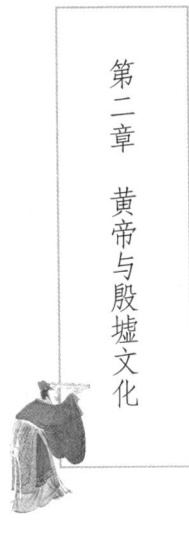

文字由何人所创？又由何时开始？一件东西的发明，绝非一个人能成事，而是陆续由人不断改进，但讲出来时便只举出一个代表人物而已。有说文字是黄帝的史官仓颉发明的。这个说法不全对，在何时由何人发明很难讲，此乃经过许多时代许多人积累合成的发明。

在没有文字前，人们只能用记忆，即是口说相传，将该时代所发生的大事一代代地传说给下一代，亦称"口口相传"，便称为"传说的历史"。因此，就有人在传说中羼进了神话的成分。

中国的祖宗是黄帝，因黄帝以前的人不值得一提。在

第二章

黄帝与殷墟文化

神话中有部分是不真实的,并非信史,只能称是"传疑的时代"。文字记载前的历史是传说,是神话。或者先从器物再讲到文字也是一种说法。但把器物与神话加以联系融会贯通,到如今仍没有人能做到这一步。

黄帝究竟是新石器抑或旧石器时代的人,至今仍难以定论。如要根据史前史、考古学来说则是可以的。神话并非都是靠不住的,嘴讲的话不一定有证据,但可能是真实的,而仍无证据可说,却不一定无证据。胡适先生认为一定要证据是不对的。传说也有可靠的。诸葛亮借东风是神话,但赤壁之战是真的。

近来我国讲史喜讲器用和田野发掘,但无人讲传说神话。其实,传说多有可信的。也因此近代的上古历史的看法可分为两条路:一条路是传说,一条路是器物。

关于地下发掘方面,主要是在造铁路时发掘所得。

我国有两大极重要的发现:一是殷墟,发现了商代文字。[1]

照中国的传说,讲历史是从五帝[2]开始,五帝在三皇[3]以

---

1 编按:钱先生没有讲到的"第二大发现",当指十九世纪末与殷墟同一时期发现的敦煌文献。

2 钱按:一说五帝是黄帝、尧、舜、禹、汤。

3 钱按:三皇指天皇、地皇、人皇。或指燧人氏、伏羲氏及神农氏。

后。三代是指夏、商、周。

今日在地下发掘出商代文字,故认为商代前均非信史,是神话之说,但我[1]认为传说也有十分之六七以上可信。

殷商是铜器时代,正式有历史。

商以前是史前史,这是一派说法,但我认为传说的追记历史仍有可信之点。以上两种说法如何会通,现在还没有到此时候。

历史包括有文字记载以前的历史:一是追忆、口说,二是器物与地下发掘。亦有文字记载以后的历史。

在黄河以北,平汉路西,太行山东,有安阳县,有一小屯村,发掘出很多东西,有古董贩子携往北京。我国药材中一向有所谓"龙骨"者,有药材商人拿去卖给北京做官的,发现是些龟甲、兽骨,甲骨上的花纹,其实是文字,当时称为"契文",或"龟甲文",或"甲骨文"。经研究后,认为此种文字作贞卜[2]用,是贞卜文字。

再进一步加以研究,知小屯村有洹水,小屯三面环洹水,在安阳县西北五里处,小屯正处于洹水之南。《史记·项羽本纪》有云:"洹水南殷虚。"项羽渡过洹水之南,"虚"

---

1 叶按:此处之"我"是钱穆宾四先生自指。下同。

2 编按:即占卜。

第二章

黄帝与殷墟文化

（墟）者，有古人曾经住过，今已成空墟。

殷墟者，意即从前商朝人住过的地方。犹如今日之九龙城，原先是宋王台。[1]因此想到甲骨片上的可能是商朝人的文字。与《史记·殷本纪》一查对，确实不错，故亦称为"殷墟文字"，亦可称"殷墟甲骨文"，或可称为"殷墟贞卜文"。发现这文字到今天不到六十年[2]。以上所讲之殷墟文字是商王贞卜吉凶所用。

我国较早的是篆文，由李斯刻写于石板上。更早的是钟鼎文，刻于铜器上。最古的就是这种三千余年前的甲骨文了。甲骨文是商王用来贞卜的，与《史记·殷本纪》所说的完全相同。对于研究甲骨文最有贡献的要推王国维。王氏一举成为世界知名的学者，因外国人特别注重古物证。如埃及文化的古文字，为法国人研究所认识，因而说出埃及历史；同样有人研究巴比伦之楔形文字，亦因此而推知其巴比伦历史；英国人亦在印度研究印度文字，法国人则在安南研究中国文字，借以了知印度和中国的历史。

外国人见了殷墟文字，才开始重视中国的古文化历史，

---

[1] 编按：内文红色楷体部分的解释，均为钱穆所加。下同。

[2] 叶按：钱先生在新亚书院讲"中国通史"时，是二十世纪五十年代初。下同。

因此顾颉刚说凡殷墟文字以前的中国历史都靠不住，竟说夏禹是大爬虫，他因而发起了疑古运动。胡适重证据，亦重视疑古之说。顾颉刚等人还著书，名之曰"古史辨"，此运动至今已历三十余年。

叶龙附志：

有一位英国人读了钱穆先生的《先秦诸子系年》一书，他当年是在日本研究中国历史，他想了解中国真实的历史，特地在一九五四年四月某日来访问钱先生，这真是值得吾人警惕。

罗香林先生[1]是王国维的学生，当年王国维先生写了一篇一万余字的《古史新证》，证明"夏禹"的名字已刻在钟鼎文中，因此推翻了顾颉刚二十多万字的《古史辨》长文。[2]

---

1 叶按：罗香林教授当时在香港大学中文系任教，亦曾在新亚书院兼课数年。

2 编按：从五四前夕开始，疑古思潮兴起。顾颉刚属于代表人物。王国维则属于信古派。顾颉刚于1920年代前期撰文，并且编辑出版《古史辨》，1920年代先后出版八辑。1925年秋，王国维以自己的论文《古史新证》为基础，开设清华研究院"古史新证"课程，文章引述《秦公敦》《齐侯镈钟》等钟鼎铭文中的"禹"，证明了夏禹的存在。

第三章 夏、商、周三代

盘庚时期商朝建都在黄河之北，此时已是商朝的下半期。

有人主张盘庚前没有历史，实在是胡说，而且也说不通。

郭沫若在日本看中国书，研究甲骨文，他在抗日战争时期回国，郭氏未去日本前曾写过《中国古代社会研究》一书，说商代是游牧社会，所以郭说与顾说类似，实际上是破坏历史。

王国维先生如何认识甲骨文？当时发现十万片甲骨，

自经发现甲骨文后,一直陆续在发掘,有四五千字以上。按照历史来讲,文字的创造绝不是一个短时期内便可创造完成的,故龟甲文亦是逐步发展才能完成的。

从夏朝到商朝历时四百年,文字的逐步进化亦需要四百年,故文字在夏朝时实际上已有了。

第二点,在数千文字中,有"黍""粟""穑""畴""田""禾""米""麦"等字,可见当时已有农业;且有"丝""帛"及"圃"字等,可见农业已发达;又有"车""舟""宫""室"等字,可以想象当时人的社会生活,已非游牧社会,实非常明显。

至于刻字于龟壳、牛骨上,要用极硬而锐利的刀才能刻上去,当时已有这种刻刀,可见冶矿之学已甚发达。文化程度不高的人绝制造不出如此锋利之刻刀,可见龟甲文之出现,其历史已很久。

郭沫若看见甲骨文上有很多关于捉狼、捉鹿等纪事,便贸然说当时是游牧打猎社会,他并没有注意到这是当时帝王的高等娱乐。

总之,我们就是三千年,就比英、法等国要伟大,甚至罗马、希腊亦比不上我们。胡适说:"中国的大学历史很短,

第三章

夏、商、周三代

北京大学只有四十年[1]。外国大学已有六百年。"但我国汉武帝时，亦有大学。而二百五十年前的耶鲁大学，只有五十本书。试想一想，我们中国当时有多少本书？英、美、法怎么同我们比啊！

---

1 钱按：胡适当年说北大只有四十年，因当时正好是北大建校四十年。

第二篇

第四章　古代史之文字记载与器物发掘

第五章　周代历史已非传疑

第六章　东周时期

第七章　春秋时期

第八章　战国时期

第四章 古代史之文字记载与器物发掘

讲古代史，可以分两方面来说。

一种是文字的记载。有关传说的追记或神话，不可全信，也不可全不信。

一种是器物的遗留。可以信，但亦不可全信，因不知此器物究在何时，根据单一物件推测一切，故不可全信，亦不可不信。

故最好将上述两种方法配合起来讲，不能抹杀某一种。

《史记·殷本纪》与殷墟文字相符合，两者可会通。龟甲文**即甲骨文**何以有很大价值？由于殷墟古器物可以证明古史记载和古代历史。

第四章
古代史之文字记载与器物发掘

既然《史记·殷本纪》可信,那么,《夏本纪》亦连带可信。这是我根据下列证据推测为可信的。因为:

(一)因《殷本纪》可信,故《夏本纪》亦可信。

(二)历史上称夏、商、周三代,在《尚书》中,有《西周书》,中有周公之文,他讲商朝,同时亦讲夏朝。

根据周公的话,就可讲夏朝。如基督教的耶稣,无法掘出遗物,其记载中有很多神话,但不可全信,亦不可全不信,其理相同。故吾人对文字记载亦不可抹杀。

周公在《尚书》中讲夏朝,他在太史公前一千余年,太史公司马迁亦讲夏朝。

由殷商时代之器物发现,可以推算到商朝。我国将《楚辞》中之《天问》,及另一书《山海经》均当作神话,但殷墟的龟甲文经发掘出来以后,证明《天问》与《山海经》亦有可信之处。中国应该有夏朝,故殷墟所发掘的龟甲文,更可使我们对古代历史增加信心。

夏朝以外有周朝,周是侯,是政治上的名分,商是天子,《史记》记载甚明。

商是天子,周是诸侯,根据《史记·殷本纪》讲,周自明王系,商封为西伯,龟甲文有"周侯"两字。

商在安阳,周在丰镐,这是从文字记载得知。

何以小屯是殷墟？因《史记》有记载："洹水南殷虚。"故夏朝亦应可信。此乃合乎逻辑的道理。

周王季之子昌为文王，文王之子武王名发。

光靠金字塔不能讲埃及史，要等文字读通后，才能讲埃及史。故研究古代史，大的方向应该靠书本。

殷周之际，太王有三子，大儿子太伯（泰），二儿子虞伯，三子季（王季），连名字都无，才是信史，是可信的，因讲者已忘其名。

王季生子曰昌，为太王宠孙，大哥与二哥商量，国家最好传给他，泰伯和虞伯便逃走了，由王季接位，后由昌传承王季，于是商封昌为西伯，即是文王。昌生子发，即是武王。文王有很多儿子，发或为第二子。商在河南，周在陕西，周去商是要从黄河摆渡的。

后来周打败商，商之箕子[1]逃到朝鲜，虽不能证明，但绝可信。朝鲜人亦知道。可见商朝与朝鲜曾有过关系。故商朝东可至朝鲜，西可管周侯，可见南方[2]亦可推测商有其政治势力。商朝之政治势力如此之大，约历时三百年，可见商规模

---

[1] 编按：箕子，商朝贵族，有人说是纣王之叔，封地在箕（今山西省太谷县东北）。

[2] 编按：近年在江西、广东等地发现商朝活动的遗迹。

第四章
古代史之文字记载与器物发掘

之大、文化之高了。政治亦为文化表现之一,进步到如此田地,至少要好几百年。

按照旧书所说,夏、商是封建时代,周亦是封建时代。

周朝人要跑到东方,可有两条路:一条路是出函谷关,到洛阳;一条路是出武关,到汉水、淮水,再可到南阳豫、襄阳鄂,再经汉水、淮水到长江。故周朝是蔫商,渐侵商朝,打倒商后,变成新王朝了。

但当时商朝已有七百年历史,周武王灭商后,回丰镐去,因年老而两年后崩。周武王并非要灭商,但商纣的政治太坏,乃是吊民伐罪,特来慰问民众,讨伐商朝,故封其子武庚于安阳。此乃三千年前之事,如系欧洲人,便不会如此,可见中国民族是有文化的。英国人不够朋友,而是帝国主义,不肯归还香港。当时全中国诸侯均服从周朝,周朝成为王朝,商仍存在。

第五章 周代历史已非传疑

当时周武王建立新的王朝，但其并不放心，为了防范武庚的叛乱，在商的都城外面设置了三监。当时文王有三子管叔，四子周公，五子蔡叔，八子霍叔，于是武王命老三、老五、老八三兄弟封在商京附近以作监视。

武王灭商后二年崩，其子周成王只是十多岁一小孩。中国的帝位有两种传承方法：一是立弟，所谓兄终弟及；一是立子，即父子相传。当时成王太年轻，管叔不才，老四不封为三监，因武王认为他有才干；让周公做，周公认为不可，主张让成王做，由周公摄政代理。这是三千年前的历史。当时武庚派人去向管叔挑拨离间，于是武庚与三监联合来攻打

第五章

周代历史已非传疑

成王，势力甚为强大。当时由周公协助成王的中央政府，亦有人不满周公，于是周公派军东征。周公之子伯禽，当时只是一位十七至二十岁的青年，担任前锋将军，大义灭亲，杀了管叔与武庚。周王室仁至义尽，商虽背叛作乱，仍让商有自由，并封商于商丘。商仍有不服之殷顽者，周公将之迁往洛阳。

周公重立安阳为卫国，封九弟康叔[1]于卫。周公派其子封于曲阜。周朝的亲戚，即武王之岳父姜太公，封其于临淄，即齐国，在太行山附近封晋国，在汉水、淮水间又封申、吕两国。又封吴国、蔡国，将商丘的商朝包围。周公如此做，一方面道德高尚，另一方面军事战略高超。

当时有人在成王面前挑拨，成王不放心，周公出。一日，大风大雨，见麦倒，要变荒年，成王去庙祭祀，在庙得一金匮，有一个金縢扎起来的文件，是周公为武王祷告求武王病愈的祷文。成王发现此文件，于是再亲自去迎这位叔父，然后旭日重出，麦亦成长了。

周公是历史上的大人物，摄政七年后，将政权交还给成王。周公长子在鲁国。后周公在京任宰相。周公不但封商，

---

1 钱按：康叔寿至一百有余。

他还兴灭国，继绝世，又封夏之子孙于杞国，舜之子孙于陈国，凡古代帝王子孙均有分封。同时周自立宗戚亦各分封于外。

讲道德的人亦可用手段，诸葛亮曾有借东风和空城计。

周公用手段来完成道德的目的。周朝第一次封建是周武王，第二次封建是周公分封宗戚并兴灭国继绝世，于是周朝以德治天下，有八百年历史。所以说，中国文化是和平的文化，中国历史是和平的历史。

读西洋史，读罗马史并不好，没有味道，最好读周公的历史。

第六章 东周时期

东周时期，当时称春秋时代，"春秋"是书名，是一部编年史。东周时代较长。周建都西安(镐)，后西周衰，有戎狄之患，周搬迁至东都洛阳，故称东周。

历史记载，东周时有二百多位诸侯，为周王朝所封，分为三部分：一是本家宗室，二是外戚，三是古代的灭国绝世，如夏、商、唐虞、黄帝、神农。周是封建共主，曰王室(王朝)，故可说是众部落推周为共主，故中国的正式封建应从周朝起。

当时在黄河南北大山如阴山、伏牛山等地均有戎狄。诸侯在平地上筑城有两套，曰城郭，城是内城，郭是外城，其耕稼的城圈有三里、五里及七里等。如直径不过二里，等于小国；国即是一城圈圈，国人即住在城内之人，野人即住在城外的乡村，即城郭外是郊野平原，围着郊野的大圈圈即是封疆。

以城郭为中心之郊野直径为一百里，半径五十里。封疆之外就是弃地了**因当时人口稀少**，即国与国之间的空地，未开垦的草地，但有水，要引导水成河流。空地则有几十方里或一二百方里。

古代之地与今日之地有别。住在草地上的叫游牧人，如今日之青海、内蒙古，但游牧地比农地占地为多。

工商业社会需要的地少，农业需地次之，牧地需地最大。所以中国同时有耕稼与游牧，并非有阶级之分。如香港今日是工商业社会，但在新界仍有农田。

可用星罗棋布来形容当时社会，游牧人叫狄，种田人叫华夏，同是中国人，相当于两兄弟，一教书，一经商。

华夏文化较高，生活程度亦较高，有工商、武装、政教等各项职分。

游牧文化则较低，生活程度亦较低。

周朝分封各诸侯国后，戎狄就被迫进入山区了。

美国罗斯福提出海洋自由，即美国可通商，因小国没有

第六章

东周时期

船可自由航行。

周朝时则是陆路交通。

以上这一章所说的,是古书上所无,懂得这番话,就可看《左传》《公羊传》《榖梁传》等古书了。

第七章 春秋时期

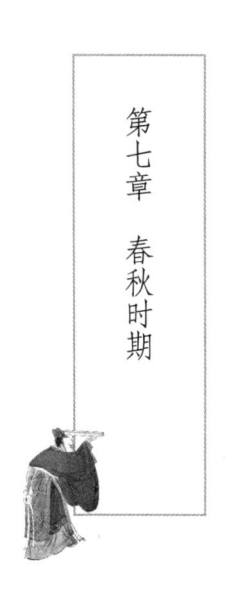

所谓四夷内侵,乃是本来在中国内部的游牧人,跑进城圈内,实际上就是华夏与戎狄杂处。

由诸夏造成封建系统,此封建系统由共主统领,免得他人欺侮。

西周失败后,失去王室尊严,诸夏不服,互相吞并,且要造成内乱。外有并吞,内有篡弑,于是四夷内侵,戎狄来攻城圈了,遂致耕稼文化衰落,此乃春秋初年之大形势。

时有称霸的诸侯崛起,其口号是"尊王攘夷"。仍尊周为天子,使勿互相吞并,亦不得篡弑,主张不承认新的吞并抢夺得来的政权,使内乱得以减少,进一步采取干涉行动,

第七章

春秋时期

使多国相处安定。第二步再取缔戎狄之入侵捣乱。故所谓称霸的诸侯乃根据当时东周之形势而产生。

齐桓公之相管仲，主张尊王攘夷。当世除了周公、孔子以外，以管仲最为国人所钦佩。当时如无管仲，即无中国文化，所以孔子说："民到于今受其赐。微管仲，吾其被发左衽矣。"

周封诸侯，当时称霸的诸侯主张城郭联盟，一国受到侵犯，各国出动增援。历史亦曾重演。今日世界外交与春秋一样，美助韩，英法派象征式军队，正如春秋时之乞师。

齐桓公带领各国军队帮卫国驱除戎狄，助卫复国，故春秋时中国已有国际联盟。当时楚国并不加入联盟，因楚仍要实施吞并。

当时，北有戎狄入侵，南有楚国捣乱，所以，"中国不绝若线"。[1] 齐桓公无力除楚，与楚会议并无结果。

封建是周公所发明，没有封建，就无周朝。尊王攘夷霸诸侯是管仲发明。故今日需要有一个人出来讲一句话打开时代的僵局。只要能发明一句，便是大政治家。

齐桓公、管仲死后，接着由晋文公出来尊王攘夷。晋文

---

[1] 编按：《公羊传·僖公四年》："南夷与北狄交，中国不绝若线。"何休注："线，缝帛缕，以喻微也。"

公流亡时曾与楚会谈，晋有之物楚均有，以何来报答呢？我遇楚军且退三十里，三天让三次，第四天不退了。后来楚让晋文公返国。但晋楚一经火并，楚军败。可以说，齐桓、晋文二位维持了封建制度的社会。

后来楚则与宋、陈、蔡、郑建立了一个密切之关系圈。

后来晋楚联合各国举行弭兵大会。当时晋楚两国作战是在中间其他地区，与本身无关。

当吴攻打楚之时，春秋于是完结，战国遂出。

今日之世界犹如二百四十年之春秋时代。

春秋如何转变成战国？

起初大国并吞小国或弱国，后来不能吞并了。拿破仑向大陆、海洋进攻而失败，德国向欧洲大陆进攻亦失败。英国霸占海上而成功，苏不夺取欧洲亦成功。

从前中国人绝不承认中国是大国，共产党认为中国是大国是对的。英、美、俄等国无法与中国比。中国不能违背上天与历史，永远是一个大国。

春秋晚年，晋国力量最大，至晋八世分成三国，称为赵、魏、韩。

我在民国初年看到一本书，其书名为《春秋国际公法》，写得极好，它用《左传》的史事来比较当代的国际公

第七章

春秋时期

法,甚至更为进步。可惜此书已绝版。

我佩服孙中山先生,因为他曾说:"中国的政治比外国高明。"可见中山先生眼光精准。

第八章 战国时期

战国亦经历了二百四十年，由最初的十二诸侯演变到七雄，即秦、楚、齐、燕、韩、赵、魏七国。韩、赵、魏三晋原为周之同姓，但分成三国后便与周无关了。

当时秦、楚反周。齐是周之外戚，田姓一出，与周无关了。故此时已无"尊王攘夷"之口号了。

春秋时期，一国一城，是城市国家。

战国时期，一国有很多城，齐国有七十余城，十分像样。故春秋称为封建诸侯，至战国则以军立国，成为军国矣！

实际上，战国不止七雄，起初应有九雄，尚有宋国，由

第八章

战国时期

商朝传下；又有中山国[1]。

孟子说：今天下方千里者九。从前的国家方百里，战国的加了十倍，成为方千里了。孟子对齐宣王说：以一服八，是不可能的。[2]

又：《战国策》亦有九国之策。但太史公司马迁的《史记》称"七雄"。此是由于太史公生于秦王统一中国后八十年。孟子先于太史公约三百年，且为战国时人。《史记》是后出之书，何以会弄错？因宋与中山首先被灭，故前、中期的战国是九雄，但后期便是七雄了。理由在此。

战国七雄，有合纵，有连横。

合纵者，南北相连打击秦。出了苏秦。

连横者，东西联合服从秦。出了张仪。

苏秦、张仪是同学，同是鬼谷子学生，居住在鬼谷。苏秦甚穷，洛阳人，家经商。他先去见秦王，劝秦攻打六国，秦不听，回国后父母妻子都看不起他。于是苏再发奋苦读，悬梁刺股，学有所成后，去燕、赵等六国游说攻打秦国，六国均请他做宰相。他身悬六国相印，返回洛阳时，万人空巷迎接

---

1 钱按：春秋时无此国，战国时才有。

2 编按：原文为："海内之地方千里者九，齐集有其一。以一服八，何以异于邹敌楚哉？"见《孟子·梁惠王上》。

他。他对嫂嫂说:"何前倨而后恭?"嫂嫂答道:"季子位高而多金。"苏秦叹道:"人要富贵,道理在此也。"

张仪毕业后,到楚国游说贵族。楚相请张仪吃饭时,据说丢了一块玉璧,怀疑是张仪所偷,张仪被打得皮破肉烂,说:"我的舌头还齐全不破,仍还可用,前途绝不会受影响。"后来张仪就去见做了六国宰相的苏秦,去了,却受到冷遇,于是张仪就前往秦国。他一口气从洛阳到了长安,途中遇一旅客,一路上帮助他经济吃用,终于到了秦国,秦王请他为宰相。这时陪他同去的旅客要回乡,说明以上一切都是苏秦安排好的,为了刺激他去见秦王,现在既已成功,便要身退了。这故事相传已有两千年。

但以上这个故事,其实不可靠。所以说神话和传说故事有时是靠不住的。经考证后,这故事原是假的,我发现太史公讲错了。第一点,苏秦、张仪略早于孟子,孟子说"方千里者九",则苏秦当时应联合八国,何以只有六国,却少了宋与中山两国? 第二点,联合六国攻打一国,可见秦最强,但苏张时期,世界最大国要推梁即魏国与齐国。"孟子见梁惠王。梁惠王曰:'晋国[1],天下莫强焉,叟之所知也。及寡人之

---

[1] 钱按:梁自称晋国。

第八章
战国时期

身,东败于齐,长子死焉;西丧地于秦七百里;南辱于楚。寡人耻之,愿比死者壹洒之,如之何则可?'"要请孟子设法。后来孟子见齐宣王,王曰:寡人有大欲存焉!可见大希望,想王天下。孟子说:不要做楚,天下方千里者九,以一败八是不可能的。齐宣王当时想统一天下。

梁惠王时,秦有秦孝公,当时春秋各国称公,只有楚称王。后来有吴王、越王,楚不服周,便永远称王。战国梁惠王称王,楚人反对,梁惠王遂邀齐亦称齐威王,在徐州相王。当时秦尚是秦孝公,后才称王。故当时是强国先称王,弱国后称王。

当时有两员大将,孙膑与庞涓。他俩是同学,老师亦是鬼谷子,同学军事,后来庞涓在魏国,孙膑则去齐国。庞涓因惧孙膑,遂设计使孙变成跛脚。后齐魏开战,孙做参谋,击败庞涓。孙膑事先于其树下置一标语曰:"庞涓死于此树之下。"庞涓遂自杀。

齐败魏后变为大国,与秦合攻楚,秦取楚六百里地,因此齐楚绝交。

西周历时三百年,春秋与战国各二百四十年,合共八百年,大致上周历时一千余年,楚则八百年,楚与周大致同时。

第三篇

第九章　秦　代

第十章　西汉时期

第十一章　秦汉对外政策

第十二章　东汉时期

第十三章　东汉之士风

第十四章　东汉末年

第九章 秦　代

秦代中国大一统。"大"是动词，即是看重政治的一统。"一统"即一政府一元首，即一头政治，一个系统。中国在秦以前早就封建一统，秦朝以下是郡县一统。

战国时期分为东方中国与西方中国。西方是秦，东方是六国，亦即是黄河上游与下游之分。下游文化高，经济繁荣，如齐国；上游文化低，经济落后，如秦。结果秦并合六国，至今二千年。

学历史者应自上看下，并体验古代之艰难。西方国家与春秋同时期的是希腊，但它尚未统一。美国是许多单位的联邦统一，英、法在欧洲是各自分散独立的，但中国是融合为

第九章
秦　代

一的统一。如要以省划国，就是封建头脑、地域观念。

秦灭鲁国很迟，卫国是秦统一后才被灭的，故要消灭历史悠久的国家实在不易。

当时中国人的天下观念已超出国家观念之上了。

春秋是封建，战国时封建已在崩溃路上。封建者，即分为平民与贵族两层。周朝封的诸侯是贵族，是世袭的。其系统是：天子—诸侯—卿大夫—士—庶人*即普通人*，土地永远是被封者所有。今日如仍有地域观念则是退化了，历史学外国的而不统一了。这是割据的观念。

"士"这个阶级如能识字，能打仗，便可晋升为大夫，意即可从平民社会爬上贵族社会，故没有革命了，因贵族阶级是开放的；如不允许，便有革命。

如要注意由春秋到战国的变化，就要看贵族。如孔子最喜欢的郑子产，全国闻名，尚有晋叔向、齐晏婴、卫蘧瑗、宋向戌、鲁叔孙豹等，这几十人，都是卿大夫。他们的言论文章、政治能力均极好，并无阶级观念和国家观念*封建国家*，为举世所推重。

一人管十羊，易于十童管九羊，少数人统治较多数人统治更为容易。

当时的阶级思想与国家观念同时存在，但春秋时期已有公的观念，不讲阶级而讲道义。《左传》文章好，故事亦可爱，我们可从中读到很多好的文章和故事。

孔子是士，并非贵族阶级，他是从平民社会跑上去的，并无国的观念，故他周游天下十多年，要行道于天下。

孔子是殷商朝人即宋国人，后来到了周朝的鲁国。

孔子以后出了墨子，与孔子齐名，分称儒、墨两家。

墨子讲全体人类的道理，就全人类说，不应有战争；不以国家和人的阶级立场来看，而是超国家、超阶级的立场，讲全体人类的真理。法律只是人类中某一种人定的，其起点就偏了，故不合道理。

贵族开放，欢迎平民跑入贵族中，当时平民代表是讲道义的孔、墨，由于有这种观点，可以使中国统一。孟子对齐宣王说，以一攻八不可能，统一之法是："不嗜杀人者能一之。"有时不能不杀伐，但是并不喜欢杀伐。杀一人而得天下不为也。[1] 以杀人作为得天下的手段是不行的。故氢气弹不能平定天下，因他们不懂得讲中国的道义。故宗教与科学不能统一中国，只有中国的道理才能平定天下。因为有道理，所以秦国可以统一中国。

---

1 编按：原文为："行一不义，杀一不辜，而得天下，皆不为也。"见《孟子·公孙丑上》。

第九章
秦　代

我们看秦的统一中国，不单只是靠武力，更有社会上一般的要求，乃当时天下的人道观念。自孔、墨以下几百年的学术思想促成了秦国的统一，因此开创了中国历史之新阶段。约有四大事项：

（一）中国的疆域版图，自秦至今没有大变动，古代中国在黄河流域，秦后到了长江、珠江流域，但上述疆域是战国以来陆续开辟而成的，南至安南，北至朝鲜，长城方面则到达大同。

古代中国蛮夷杂处，有耕稼与游牧两种人民，是以文化分，不能以血统分。血统不能决定国家，乃以文化来决定。当时人民有两种生活与文化，便是耕稼与游牧。民族之形成除血统外，尚须有文化构成。

（二）关于人口问题。秦统一中国后，全国人口一起总算，当然大量增加。秦始皇二十六年灭六国而统一中国，秦始皇三十七年东巡驾崩，秦二世二年为赵高所杀，立子婴仅一年而秦亡。由于秦之统一，因此中华民族遂融凝会合成一体。从前华夏夷狄之分而治之之局面亦随即消融，而成为一个车同轨、书同文、行同伦之社会。当时之巴蜀开辟于秦，两广及安南要待秦并六国后，遂开始为中国之郡县。于是全国人民生活于同一版图，沐浴于同一文化。

（三）中国至此有统一的新政治制度。秦是郡县制的统一。从前之封建制度终于彻底破坏，不能再兴矣。直至今日，仍可说是郡县的国家，统一的国家。此时期之中央政府不再封国家，郡等于省，省再分若干县。秦分为四十二郡，郡下再分县。封建只是封一国之诸侯，子孙相袭，是世袭的贵族。郡则派太守任三五年，或十年八年亦有，但不让其子世袭。

打倒封建是打倒地域的割据观念。如现代的唐继尧、龙云等，其实是封建割据的头脑，非世袭却是变相的世袭。

照理，地方官可随时换，官有官俸供给生活所需。但政府的一切经济是属于国家的民族的。

郡县不封土而受禄，不传子而任贤，成为中央政府的地方官，有职位，但并非高出人而有特殊地位的贵族。故秦以后不是封建社会了。

中国之有郡县的国家，实是一大发明，等于今日美国之有氢气弹。当时世界上是没有别的国家采用郡县制度建国的。

当时如西方的罗马是一帝国，它打败希腊后，即派一督军管治，管治犹太、埃及、西班牙、波兰、法、英等国，这些土地是以军队征服的土地，用军事镇压反动，抽赋税。今日之大英帝国所以可组成联合王国，香港亦是英征服地，香港人不能享受英国的政治权利。

第九章
秦　代

　　中国则不然，没有征服地，在政府及国土内，并无征服与被征服者之分。

　　今日美国是联邦国家，德国亦是联邦，奥匈帝国是联合的，只有中国是郡县国家。

　　苏格兰只是被征服者，英格兰是征服者，故当时世界上最高等最合理的国家是郡县国家。

　　称秦为"帝国"是不通的，只能称"秦朝"，秦之郡县制至今并未打倒，中国今日仍是文明合理的自由国家。

　　今日世上的国家有两种：

　　一种是由联邦合成，联邦有军队有法律，由联邦来统治，叫世界联邦。

　　另一种是照中国人的想法，世界只要一个政府，天下一家，中国一人（大家一样），有殖民地的不能一人，有阶级之分的也非一人。美国可说是一人，可以做我们中国的小弟弟、小朋友。不分阶级，不分男女，不分贫富，不分职业，官民均是一人，天下一家，只有中国如此；美国有多个不同的州，每个州有其不同的宪法与法律。

　　中国自秦以后，在土地、人口及政治（郡县制）上都成为统一的了，思想也确定了。两千年的历史，一天天进步着，往上跑着，是值得称颂的。

（四）中国的学术思想至今仍有传统性。

1. 主张世界大同，天下一家。

2. 主张平等思想。

3. 成为"现实的"。宗教是不现实的，因世界太黑暗之故，中国宗教之所以不发达，因中国社会较合理化。

秦以后的思想仍如先秦一般，并无改变。

秦始皇废封建、行郡县，不再实行封建，实在是很重要的进步。

但秦十五年便亡，此何以故？因秦是战国时期封建国家之一，今各国相继崩溃，秦国乃是最后一个崩溃之国家，较前灭六国迟了十五年，认秦胜而打倒六国是看错的。

旧势力崩溃，新势力平民阶级兴起，故秦统一中国，并非打倒六国，乃是平民社会希望统一。故汉朝是新兴的平民政治，这就是古代封建社会结束了。

秦是中国第一个统一政府，是贵族的；汉是中国第一个士人政府，是平民的。历史进步是有步骤的，眼光不应短视，吾人应具有"范畴"的系统的看法。

第十章 西汉时期

汉高祖刘邦以平民为天子是中国历史上的创举。刘邦，邦者得国也，得天下后为人民所赐。其父为刘太公，母刘媪，历史上均不知其原姓名，可见汉高祖是平民家庭出身。

刘邦为秦时之亭长[1]，古代十里一亭，即有一派出所，而泗水亭长尚有一二亭卒。跟刘邦得天下的革命集团均是平民社会中人。其中最著名者厥为萧何，原在衙门内当差；尚有曹参，亦是衙门内之监狱官；陈平是一穷苦平民；周勃是出丧时吹箫的；韩信是要饭的；黥布是充军的；只有一个贵

---

1 钱按：亭长相当于今日之派出所所长。

族，是张良，其祖父为韩相。自六国灭后，张良为韩复仇，时欲杀秦王。

从平民做到国家领袖实不容易，汉高祖建立了中国历史上第一个平民政府。高祖识字不多，他是从农村社会出来的，也不懂政治。当时最大的问题便是封建与否的问题。

有人曾对秦王说："自古以来没有不封建而可以长治久安的。既已为王，子仍为单身汉，应封其为国王。"劝秦王封其子。秦王问楚人李斯。李斯师事荀卿。斯答道："不能封，因世界有封建国，才有战争，故不封为是。"这番话是为公而说，为全人类而说，而劝秦王封其子的意见是为私而说。

于是秦王焚书，烧毁反对政府的书。这虽不好，但秦始皇废封建行郡县却是好的，焚书坑儒只是压服反对政府的人。

秦国不封建，故其国祚不久。这是可笑理论。当时又有革命军，其口号是"复立六国后世"。想复国，其实只是瞎说，何以不封九国？但革命军不主张封秦，先攻占秦者，先得秦国，可立为王。

刘邦首先攻入关中，故封为王。刘邦力战五年，而统一中国。当时黥布、彭越均带大兵在外出战，高祖不得已而封之，但并不放心，故后杀之，谓之诛戮功臣，于是再封亲戚

第十章

西汉时期

与家族之同姓王,外姓则封侯。汉高祖刘邦再行封建,此乃为了巩固政权。此举汉高祖实不如秦王高明。

当时周天子为王,下有公侯伯子男。

战国时则均为王。

汉代则中央为天子,封出有王与侯两等级。

"非刘氏不得王",此举实不通。

"非有功不得侯。"立功者,乃助高祖战而有功者封侯,实亦不通。

汉高祖妻吕氏[1],为人凶狠,曾助刘邦得天下,邦死,子封王,吕氏命姓吕的亦封王,称诸吕。政府分刘、吕两派,封侯之功臣,见事态严重,遂联合而杀吕氏家族,再外出寻回刘氏作王。

高祖子惠帝立,惠帝后文帝。高祖之妾生刘恒即文帝,被封王于外,当妻党势力弱时,功臣请刘恒还。文帝亦是一位好帝王。

当时尚有赵王、齐王、楚王、吴王、梁王等,刘恒仅是一小王代王,功臣及诸王均看不起他,但封王后极好。一日,文帝问相曰:"一年收租若干?杀犯人多少?"丞相周勃均以

---

[1] 钱按:吕氏当实为中国第一女王。

"不知"回答。文帝再问:"君为相所办何事?"相答道:"可问司其职者。"文帝再问相:"君所管何事?"相答道:"助王摄理阴阳。"后周勃辞职。

当时文帝问洛阳一长者:"国家有无人才?"此长者答道:"只有一位二十一二岁的青年,名叫贾谊的。"遂派人送贾谊到京。文帝见贾谊,贾上政事疏,力劝文帝尽速改革政制。后来文帝与贾谊促膝长谈,直谈到深夜,谈完了国事,再继续谈鬼神。文帝道:"与贾谊见面后,深感自己不及贾谊远甚。"可见文帝重视贾谊。

汉代是平民政府,高祖再搞封建。贾谊向文帝进言,告之如何解散守旧之封建制度,其法是:"众建诸侯而少其力。"例如吴王生二子,即将吴王之诸侯封地,分封为两份,如此快速一代一代分下去,使大国变成小国,便无法反对闹事了。文帝便依计而行,传位至景帝时,诸侯造反,有吴楚七国之变。平定乱事后,封建仍然存在。武帝仍照贾谊之计,将大国依旧法分成小国,才消解了封建势力,地分小了,就无力造反作乱了。诸侯将位传给众子,即非世袭矣!故自汉朝起,称为兄弟平等,封建势力已无法保留。

有世袭才可称为贵族,但有特权而不世袭便也不是贵族

第十章

西汉时期

了。中国是皇帝永远世袭，称为王家，是世袭而且是单传的。

贾谊所倡导的分封建之方法，合乎孝悌的伦理。封建是长子有特权，家可永远保留成为贵族。

有人说，五四运动打倒了封建，这是胡说。其实一点影响也没有。今日之青年认识不清，受"打倒封建"四字的影响极大。

夏、商、周三代都是封建，秦为郡县，汉高祖再封建，是划分地方，大部分是郡国，故称"郡国"，郡属中央，国是封建，如民国初年广东、云南、广西由军阀割据，但江苏、浙江、湖南等无军阀，是中央直接管辖，管不到的人和地方就有封建势力。

汉时分郡与国，国则分王国、侯国两种。有军功的可封侯。"非有功不得侯"，便是指的军功。故可说汉代是军人集团。

汉代当时有一百零三个郡和国，而侯国则不在内。汉代协助王工作的宰相，照规矩不封侯。无战功者不能拜相。汉时宰相都是有战功的军人，故汉朝亦是武人政府；领袖都是军人担任，是不讲理论的政府。读书人带兵是理想，但带兵人做领袖则不合理想。

秦相李斯是文人，故秦始皇是大政治家。秦始皇虽然只做了十三年，但历史不能以成败论英雄，失败的并不一定是不好。汉高祖的王朝长久，这是历史的大趋势。

汉代的政权所以不理想，是封侯的可以世袭了，如萧何、曹参死，由其子孙接位，这不是武人而是成为贵族了。故汉朝政制并不理想。

汉景帝子武帝十七岁做皇帝，实很伟大。反过来拜了相再封侯，当时有平民牧豕的读书人公孙弘做了宰相再封他为侯。这是文人宰相，是中国读书人做宰相的开始。

中国第一个统一政府是秦。

中国第一个平民政府始于汉高祖。

中国第一个士人文治政府始于汉武帝。

历史上的大争端，是必然抑是偶然？其实我认为两者都不是。汉景帝与妾栗氏两人脾气都不好生栗太子刘荣。一日吵架，废栗太子，立王氏为后；如不吵架，则荣仍为太子，不会是王氏子为武帝了，否则历史也会改观了。这是带有偶然性的，也就是"命运"之说。

汉朝出士人政府时，不封建，故读书人是最伟大的。有学问的人只能将学问交给人，故伟大。读书人的风气盛，是大公无私，是公天下。读书得到了知识不是为子孙家庭，是为人

第十章

西汉时期

类，为要传扬贡献给世界。学问是分不完的，人人可得，是宝贵的产业。故天下最伟大的是读书人。学问、思想不自由，是大逆不道的大恶。学者是大公无私的，是自由的。

第十一章 秦汉对外政策

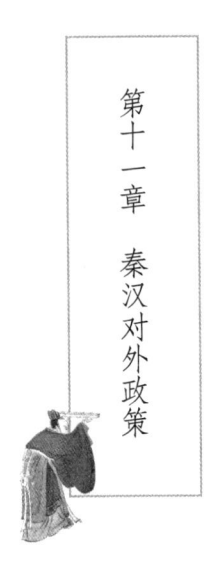

秦汉以前并无正式外交。秦汉大一统后,就有正式对外政策了。古代中国是华夷杂处的,兼有耕稼与游牧。

耕稼者住在城郭内,是封建的,名叫华夏。

游牧者随处迁移无城郭,名叫戎狄。

自春秋至战国,土地开辟大增,戎狄有同化的,亦有被赶走的。

中国的北面是大草原,称为匈奴,或称蒙古人。从人种学上说,中国人与蒙古人是一种人。照古代说法,匈奴人是夏朝之后裔。按照《史记》说,秦、魏、赵、燕四国之北接壤匈奴,四国将游牧民族赶走,筑一长城。长城随着封建制

第十一章

秦汉对外政策

度而来，秦、魏之间有长墙，燕、齐之间亦有长墙，赵、燕之间亦有。秦统一中国后，国与国之间的长墙都不要了。但对北方各国之墙仍保留而且连接起来，由秦连成一体，名为万里长城。

秦国的南边，经五岭到安南则不要墙。到南边的路近山，中有苗裔，在湘、桂、滇、黔等省均有苗人，是被华夏赶出来的。

秦时匈奴中出了一位大人物，叫冒顿单于，他有本领，有部族跟随他游牧。冒顿有一匹骏马，他对部下说："我箭去处，人须跟从之。"有二人不跟从，射而杀之，众皆服从。不久，冒顿又有一妾，冒顿先射，有几位不跟射，又杀之。一日狩猎，冒顿命射其父，于是众从之而射死其父，自己为王。此是异族文化，是野蛮文化，中国历史上没有，只有西洋历史有，这种文化是可怕的。

项羽有爱马爱妾，他投乌江时曾为爱马爱妾作歌曰："力拔山兮气盖世，时不利兮骓不逝。骓不逝兮可奈何，虞兮虞兮奈若何！"项羽痛惜不能保护爱妾与爱马。

当时秦与匈奴交界处有很长之阴山，比阿尔卑斯山易过，故在阴山一带两面均是游牧民族，在可怕的冒顿单于管控之下，故秦始皇要筑万里长城。

阴山的两个要区，一是河套，水草丰美，再往南是秦京咸阳。故秦始皇派鲁人大将蒙恬统领四十万大军屯守，派长子扶苏与恬同任监军，在当地开垦屯田，命南部人口移民，开辟了三十余县，名为新秦中，在河套之两面。

阴山之另一个重要区在大同，往北是张家口，南下可入山西，也在阴山之南。

第三较次要之地区是热河，南下可入河北。

新疆在秦时非属中国。后秦王出东巡狩时死于路上，发生政变。秦王爱少子胡亥，部下假秦王命立胡亥为王，命扶苏自杀。蒙恬劝他不必自杀，扶苏不愿，终于自杀。子敬重父不一定是人类中之坏事。恬受诏下狱自杀，亦有服从之心。这同样是法律，同样是民主，而非专制。听了历史后，必须有客观明智的判断。于是秦国革命，首先由陈胜、吴广揭竿而起，因秦要派陈、吴去渔阳守边，在路上造反，秦四十万军队溃败。于是匈奴乘势强盛。

汉高祖派军队到大同附近的平城，今日"昭君出塞""四郎探母"等故事均发生于此边疆上。匈奴派军队围困高祖于平城，汉军受到匈奴之重大打击，后来未开战，匈奴跑掉了，无人知其原因，此是一段秘史。据说是陈平出奇计，使匈奴退兵。陈平共出七次奇计。

第十一章
秦汉对外政策

据计,陈平请高祖派一人去游说单于后阏氏,说汉王打败要用美女献匈奴王,阏氏会失宠,于是阏氏命匈奴退兵。

平城败后,高祖不敢与匈奴战,后有推大车之鲁人娄敬见高祖而献计,劝高祖如何对付匈奴,即用和亲政策,嫁女给匈奴单于,成为女婿外甥亲戚,于是派公主出嫁匈奴,双方遂和好。

高祖崩,吕后为王,单于来信,自称孤男,说吕后为孤女,欲两家相联合。此实是侮慢,后来还是主和。当时内部仍有主张封建的,而外有大敌匈奴。但吕后以后,文帝出而形势又趋太平。贾谊说,中国形势仍然不好,如稻草底下有火种,终极必会焚烧,[1] 故贾谊此时对内外均设法加以处理。

后经景帝平定吴楚七国之乱,国家趋于统一,对外仍用和亲政策。到武帝时改用文人治政,对外就用武力征伐匈奴。

中国自秦始皇至汉武帝,七十年来受匈奴之压迫,武帝遂正式征伐匈奴。

秦始皇对付匈奴筑万里长城,采取防御政策。

汉高祖以后对付匈奴采用和亲政策。

---

1 编按:见贾谊《治安策》,又名《陈政事疏》。

匈奴侵略中国并非出于政治野心，乃是出于经济要求。那里并不产米，其所酿之酒不佳，亦不产丝、铁器。中国以后每年有年礼送匈奴，亦有送礼给匈奴贵族，于是不再来侵，两国开关贸易，并在长城择数区经商，驼马与中国交换，民间亦不再来侵。和亲其实等于贿赂政策，因而取消了侵犯中国之动机。西洋人今日要钱，但经济与人不能相提并论。

汉文帝时仍与匈奴和亲，有公主、婢女、差役等随派公使同往。如中国不愿去，恐会破坏中国与匈奴之间的邦交。游说者对匈奴方面说，与中国人做生意甚易，但不易长久，并且又说匈奴的玛内[1]不比中国酒，即是说不与外国人做生意是聪明办法，与外国人经商等于被抽血。游说者说，中国的科学、物质、文明以及生活程度高，目的是为了骗钱。游说者又说，与中国人做生意，会被骗光，最好莫如去抢。

长城太长，防守不易。冬季，中国的粮食收割了，酒酿好了，布织好了，牲畜肥了；匈奴则全没有，冬天草枯了，水冻了，漫天风雨，冰天雪地。人穷饿而精力充沛。匈奴来南方是骑马而来，所谓秋高马肥，马怕热湿。骑马作战用弓射箭，以角制胶成弓，却亦怕湿气，在干燥西北风中最适用。

---

1 钱按：玛内指匈奴出产的本地酒。

第十一章
秦汉对外政策

唐人有诗曰："风劲角弓鸣。"如有人来抢，呼应邻村来救已来不及了。故地方大，四面八方可以骚扰。这就是流动性甚大的流寇，不易捕捉他们。

和亲是受欺骗，但防御政策不易生效，如此匈奴来抢，年复一年。到汉武帝时，召集众臣商议，定出诱歼政策。匈奴分方，有三十六方，每方一万人，匈奴人能马战者有三十六万人，全匈奴等于一百八十万人，等于中国一郡，人并不多，故可诱敌深入而聚歼之。有大臣王恢主用此法，汉武帝同意了。于是派遣间谍[1]，名为"马邑之谋"。在汉高祖曾被围困之平城附近，派出间谍人员，四面埋伏于山。单于领军前来，来了大队人马，但野蛮人极为机警人愈文明脑筋越迟钝，单于识破而逃遁，因而和亲受了破坏。于是武帝将王恢下狱[2]，因骗人并无用处。

汉朝用和亲，再而用防御，最后用间谍诱歼又告失败，因此改用挞伐政策去攻打匈奴，与匈奴作主力战。因为防不胜防，唯有主力作战，进攻强于退守。这是中国历史上采取攻势的开塞出击。首先要训练马队，选马种，到西域去找名马如汗血马。中国与西域有交往等于断了匈奴的右臂。于是

---

1 钱按：间谍乃中国发明，《孙子兵法》有说明。

2 编按：后来王恢自杀而死。

派张骞出使西域，走遍三十六国，开放上林[1]作牧场，马食苜蓿，去西域买来铺成草皮，养了四十万匹。民间获知中国决与匈奴战，有战功者可封侯，民间亦养马，因此一人有两三匹马了。分两路夹击与匈奴决战。匈奴败后逃至蒙古，彼以逸待劳，主力放于沙漠以北。因此再绝漠远征，度过沙漠去打他，虽可打败他，但无法捉到他。唐诗云："月黑雁飞高，单于夜遁逃。欲将轻骑逐，大雪满弓刀。"有人说中国人尚文轻武，其实不然。武帝尊崇孔子，表彰六经，仍有大军，因此匈奴一直向西逃到西域，再逃到罗马，所向无敌，变成今日之匈牙利人，西人称为"黄祸"。

中国人要立国，东南方并不可怕，汉、唐、宋、清历朝以来，永久的大敌在西北。故此后仍应注意西北方。林则徐流放新疆时，说将来大敌非美国而是俄国。

汉武帝的文治武功均佳，对内统一，对外平夷，但人民对其评论并不好，因为他花钱太多，他在位五十四年，晚年悔其做法，因为他使社会变得贫穷，其子戾太子[2]因谋反而死。武帝临死时，小皇帝昭帝立，由母后临朝。武帝原定由

---

1 钱按：上林即皇家花园。

2 编按：即刘据，汉武帝嫡长子，后立为太子，在巫蛊之祸中逃亡自杀，汉宣帝即位后，追谥其为"戾太子"。

第十一章
秦汉对外政策

外戚辅政,派霍光辅政,霍光为汉外戚,遂封为大司马大将军。昭帝极能干,此下有宣帝戾太子之孙,他在乡下长大,跑进皇宫做皇帝,因来自民间,乃是好王。

汉之全盛期是汉武帝时期,这是定论。所谓"天下之生久矣,一治一乱",合久必分,分久必合。又说:"花无百日红,人无千日好。"中国人说:天上的皇帝有青帝春天、赤帝夏天、白帝秋天、黑帝冬天。所以,汉代的做皇帝也有天命,换皇帝也要依时而换,一曰禅让,二曰革命。

当时汉朝有人讲禅让。宣帝之后有元、成、哀、平诸帝。元帝为好皇帝,做了十六年。成帝接位后,由其母王太后辅政。母舅有八兄弟,选一为大司马大将军。兄弟相继而做,五个兄弟均做过大司马大将军。王莽之父早死不封。莽读书于太学,谦虚好学,与人相处友善,人人赞其为大好青年,王太后亦看重他。五兄弟死后,王太后命王莽为大司马大将军,并封了侯。一日,莽母病,有公卿夫人探问,莽妻出来招待,裙只及膝[1]。莽有学问道德,治家好,名誉极高。

成帝崩,无子,由哀帝嗣位,时哀帝十八岁。哀帝祖母傅姓,莽为成帝之表兄弟,成帝母之侄。一日宫中家宴,他

---

1 钱按:古代之女裙长应及于地。

亦去赴宴，见中间有两席：一为太皇太后，一为傅氏太后。莽说，汉朝规矩只有一母后，嗣的不能算，命傅氏坐一旁。傅氏生气，不肯出席。当天宴毕，莽提出辞职，不干了。众人誉莽之作风伟大。哀帝二十余岁死，无后。但哀帝是同性恋，爱无学之青年人董贤。傅氏死，太皇太后仍在，主张王莽再出山。于是董贤自杀，莽声名更响，再立汉平帝。

元帝十六载，成帝二十六载，哀帝六载，当时人民认为汉之命运已绝，于是拥戴王莽为王。此乃禅让，而非篡位。其实莽非伪君子，其开头是读书的贫苦子弟，看其太太之打扮简朴，可见王莽并无作王之意。当时如姑母王氏早亡，王莽亦不能再复出，这只是历史上偶然事件；如傅氏多活几年，莽亦老矣！故王莽非处心积虑，亦非篡位，即使是假装数十年，亦算不错矣！所以说：

（一）王莽能装数十年，亦极伟大。

（二）有了新的政治制度，土地收归国有，重新分配。井田制破坏了，成为耕者有其地。认为社会不要有贫富不均，单是平均分配土地，不够，尚有货币制度的改革。

王莽理想高远，但无手段，只是一位书生，有点迂，而且不近人情。

当时汉封匈奴王爵，封印留存至今。匈奴闻新圣人任

第十一章

秦汉对外政策

命，匈奴来朝，王莽说："天无二日，土无二王。"要匈奴换封印，只能封为侯。匈奴生气，与汉打仗了。王莽说："做官先要调查其政绩如何，好的俸高，不然打折扣。"但做官不能饿着肚皮。故王莽做事有理而无办法，迂而不清，他死时筑高台穿朝服，在高台上烧死，死得迂而庄严。以后的人说莽假死。[1] 助王莽篡位的是刘歆，其父刘向，父子均极有学问，且有高远理想，今日说他们坏，其实不对。有人将王莽与曹操相提并论，并不通，因王莽非政治家。莽封于新，名为新朝。莽死，光武出，仍名汉，为东汉。

---

1 编按：《汉书·王莽传》称王莽为商人杜吴所杀，校尉公宾就斩王莽首级，悬于宛市之中，军人分裂莽身，争相杀者数十人，百姓"共提击之，或切食其舌"。

第十二章 东汉时期

西汉是平民王室，东汉是书生王室。

东汉首位皇帝是汉光武，名刘秀，是太学生，为人勤慎规矩，不太活动。其兄刘縯则豪侠。村中有一女孩，刘秀见而爱之，便说："仕宦当作执金吾[1]，娶妻当得阴丽华[2]。"可见他并无大志。天下大乱时，刘縯造反。见刘秀骑马跟随军队了，于是村人皆跟从之。他开始是位军中小官。但有一次，王莽统率几十万大军，被刘秀数千军队击败，是谓"昆阳之

---

1 钱按：执金吾为保卫皇宫之官。
2 编按：阴丽华，光武帝的皇后。

第十二章

东汉时期

战"。读此故事可愈疟疾[1]。人说，刘秀遇大敌勇，小敌怯。有人忌妒刘縯，杀之。后秀握大军，军中人均为其同学，其中有邓禹者，年仅二十余岁，却做了方面军总司令。秀得天下后，其同学均做了大官。有严光者，为刘秀所爱之同学，是浙江人，但刘秀找不到此人，原来他已回富春江钓鱼去也。严光冬天穿着皮袍，刘秀认为可能是他，查问之，果然是他。先由地方官代为邀请，见了严光，秀问道："我比从前如何？"光答道："比从前好了。"夜间二人同榻而卧，而光伸脚置秀肚上。不数日，光欲回家，秀允之。直至今日，富春江上仍有严子陵钓鱼台，用来纪念此事。严先生祠中刻有铭言，曰："先生之德，山高水长。"后改"德"为"风"，道德之可感动人，等于一阵风。春风吹，万物生长。

刘秀做了皇帝，不脱旧时老面孔，此即所谓"不妨无我"。晚上同睡光亦不以光武为王。历史上，严光只有此一段故事，但为后人所称颂。

为了立人，光武亦教其子读书。汉时教人读五经，《诗经》《尚书》《礼记》《易经》《春秋》谓之"五经"。

---

[1] 编按：昆阳之战是我国古代军事史上以少胜多的著名战例，刘秀由此而天下闻名。读此故事令人心神振奋、酣畅淋漓，有热血发汗之效，故此钱先生或有此一谑。

光武在太学曾读《尚书》，所以亦找来桓荣，命其子读《尚书》。桓荣在宫中五年不得告假，皇子勤学五年，桓荣介绍学生胡宪代之，始得出入。可见光武之家庭教育很严格。

光武崩，其子明帝即位，翌年即入太学请先生桓荣及先辈同学入礼堂，由皇帝本人讲《尚书》，先生等人坐后台担任评判，听书者辩论，民众均来听，堂内满座，连堂外边的河对岸也有人，达几万人之多，轰动全京城。

明帝亦请先生教其子学《尚书》，请先生张酺[1]出。其子为汉章帝时，张酺作东郡太守。章帝元和二年东巡，途经东郡。张酺出来迎接，章帝说："久未见师，仍为师生，仍行师弟子之礼。"张酺讲《尚书》一篇，礼毕，行君臣之礼。太守见章帝，帝问民众生活、年岁、治安。所以中国的皇帝并非专制。

东汉非平民王室，而是书生王室。但凭此三个故事，可见汉朝十分像样。那时期不仅帝王好，王后亦好。东汉的"明章之治"足以与西汉的"文景之治"媲美。

光武二十八岁起兵，三十岁为王，活至六十二岁，作王三十三年，生十子。

---

[1] 钱按：张酺之祖父张充是光武帝同学，酺为桓荣之学生。

第十二章
东汉时期

明帝三十岁为王,作王十八年,活至四十八岁,生九子。

章帝十九岁为王,作王十三年,三十三岁死,生八子。接章帝位的和帝刘肇只有十岁,作十七年王而死,由小儿子刘隆接王位,出生三个月作王,二岁死,只作王一年,无子,嗣一子,名刘祜,为安帝,十三岁为王,作王十九年,三十二岁死,生一子刘懿,作王七个月,无子,又嗣十一岁之子刘保,作王十九年,三十岁死,生一子,二岁至三岁死,又嗣一子……下为汉灵帝,十一岁起作王二十一年。下为献帝,九岁为王,作王三十一年,活至五十四岁。

东汉共十三个皇帝,共一百九十二年,只有光武活过六十岁,献帝活过五十岁,明帝活过四十岁,是个弱势的家庭。

凡是嗣来之子,一定要小孩子,因嗣子年轻,故由母后临朝,所以用外戚,是中国人的规矩,也用新帝王的外祖父 母后之父,或用母舅 并非真的。小皇帝不高兴外戚,受宦官之挑拨,外面之大臣亦认为外戚专权,于是内外联合杀外戚,嗣之王死,又另嗣一子,太监与大臣结合,又杀外戚,因而造成宦官专权。大臣再与外戚联合杀宦官。

东汉末有外戚何进,原为屠猪者。袁绍结合何进杀太监,后东汉灭亡。总的来说,东汉前期甚好,到了后期则差矣！

　　要国家强大，领导人就得多活几年，各国领导人如是老人，政治就好。

第十三章 东汉之士风

东汉是书生王室，重视教育。所谓开门授徒，是先生招收学生读书，称为"著录"[1]，有达几百人或几千人。尤其是汉朝之太学[2]，武帝时建立。先生称博士，学生称太学生，即博士弟子。

武帝时博士弟子之名额规定五十人，由郡国地方政府保送，规定要有十八岁，并具备相当程度者。在太学读满一年后可参加考试，考后按成绩分为甲科与乙科，即分为甲等与乙等。甲科者可在皇宫担任侍卫郎。武帝时除太监外，尚有

---

1 钱按：即注册。

2 钱按：太学即今之国立大学。

郎。考得乙等的可回本乡作吏，即在郡县地方政府办事，如今之省政府之官员，即为汉朝时的吏，如服务有良好成绩者，地方长官可察举他再送上朝廷作郎。

每年有五十名学生，如此，十年便有五百名，二十年便有一千名。

汉昭帝时多加了一倍，即每年增至一百名；宣帝时又加倍，成为二百名；元帝时加至一千名；成帝加至三千名。新莽时则达到一万零八百人，故王莽时大建校舍，达到一万所区舍。据说王莽太学的建筑中，"学士同舍，行无远近皆随檐，雨不涂足，暑不暴首"，因房子均有走廊。万余学生从全国各处来到，学生均携带特别土产，大家可互相交换土产，成为一大市场。这是指西汉时期。

光武帝便是当时一万零八百名学生中之一个，东汉时学生还要增添，添至桓帝末年，每年达三万人，这是一千六百年以前的事。抗日战争时，北京大学的学生也只有二三千人，北京八间大学的学生加起来也没有东汉时期的太学生多。胡适说中国学习外国的大学只有四十年，但实际上，中国在两千年前已有国立大学了，当时称"太学"而已。

秦统一了政府，汉高祖时出现平民政府，武帝时则有了文治政府出现，东汉时到处是太学生。

第十三章
东汉之士风

当时四川省有位地方官文翁自己出钱,派学生去太学,读完回乡在本地任职,因此四川与中央有了融合,四川的文化也进步了,今日仍有人要纪念文翁,可见好人要做。

故国家要有历史才能强盛。

今日之大学生只崇拜莎士比亚,而不崇拜杜工部、苏东坡,实在是说不过去。我们的大文学家杜工部有两千万人读他的作品,读莎士比亚的不过一百万而已。

只有教育可以救中国,要有"五十年以后"的精神,今日世界各国都有大学在上课,应该有志气与他们在五十年以后比一比。

东汉时期做事的人都是读书人,都是经过考试的,世界上只有中国如此。外国人只讲多数,只重选举,不一定读书,故有政党。中国当时重视太学生,但是因为学生多了,就轻谈了。

教育有办法,社会就有办法,青年之所以伟大,因为在受教育。

东汉时期重视大学,当时有李膺者,作河南尹_{即今之省长},官不大,但是名气大。东汉时之优点是不以官位之大小来看人之高下,由光武帝重视严光开始,做帝王的重视钓鱼的，严光高于光武帝，故做人不一定要做帝王才算伟大。

李膺好客，但不易与他见面。与他见过面就了不起了，谓之"登龙门"。黄河多鲤鱼，爱逆流而上，其肉味好吃，鲤鱼一跑过龙门峡河之水急处，即成龙了。因而有"一登龙门，身价十倍"之称。

当时有山东省小孩，名叫孔融，一日去李膺家参加大宴会，门房查问是谁，孔融答以"我与李膺有通家之好，是亲戚"。一进去，李膺并不认识此小孩，问之，孔融答道："我的祖先是孔子，你的祖先是老子，孔子问道于老子，故有通家之好。"李膺便让孔融上座。又有一客进来，李便介绍孔融给他认识，那客人道："小时了了，大未必佳。"孔融反唇相讥道："先生你大概是'小时了了'的吧！"

当时有太学生郭泰来访，李膺便不接客了。郭泰访毕回山西，在黄河摆渡时有数百官民相送。郭说："有李先生陪我过黄河，此外的客人不必相送了。"送一个太学生如此隆重。大家见到郭李同舟而渡，以为神仙焉，于是称为"仙侣同舟"。

东汉之所以伟大，在于人们整个艺术的人生。郭泰一辈子做学生，政府请他做官均被拒。

刘备三顾草庐，刘是四十多岁之皇族，诸葛亮二十多

第十三章
东汉之士风

岁，却如此被看重，是由东汉士风而来。刘备最重视孔融，有一次孔融向刘备讨救兵。当时黄巾造反，但郑玄家乡百里不得侵入。

郭泰_{林宗}受人看重，声名极盛。他可说是一位大教育家，也是社会教育家，他很重视培植人才。一日，郭泰在路上遇大雨，与乡下人同在大树下避雨。乡人谈吐粗俗，有一人神态庄严，郭泰见其性厚，不苟言笑。雨停，郭问其居何处，郭欲留宿其家，而欣赏此人，想察看其性情。此人有一母，郭晨早醒来，见此人杀鸡，煮熟后请母亲吃早餐，然后再请郭吃，但无鸡，只有青菜萝卜。郭劝他道："你不应在乡下，应去城中上学。"郭见此人杀鸡请母，全无机心，郭一推荐便成功。此人后来成为东汉一人才，即是茅容。

郭泰是山西人，一日在路上，见前有一人提着用绳系着的一个沙罐，忽地绳断，罐跌地而破。但此人头也不回地一直向前走。郭问何以不回头看，此人答道：罐已破碎，看它何用！郭大赞此人了不起，便又介绍他去读书。此人即是孟敏，后来也成了名。

郭泰能观人入微，得天下英才而教育之。今日如有郭泰在香港，可能也会在街上找到人才。

古代之巾帽"林宗巾"，相传便为郭所创。一日，郭行路时遇大雨,所戴布巾之一角塌下,次日只见路上行人都把布巾一角塌下,因大家均效法郭林宗之故也。可见其名气大,此乃人格之改造,真是所谓风流人物,能感动人,使社会精神有所改造。

可见当时的社会相当了不得,郭未写过文章,也不知读过什么书,请他做官他便拒绝。郭泰看重人之德性,如茅容、孟敏,他都因材施教。各人天才不同,重德性即重视日常生活。当时的人对日常之人生有细微的批评。

当时有江西人徐孺子者,死后很多人去吊丧。全国领导和学者都有去的。有一位客人去吊唁,人们不认识他,他带了一只鸡,一束毛,用酒从帽中滴下,祭后即离开。人说此人是茅容,果然猜中了,可见汉朝时对各人的私生活是很注意的。

每年由地方政府把统计报告送去中央,有的或去参加大典。有一人自远方去长安,过函谷关时遇大雨,其马倒卧途中而死,旁有一客人说:"我的马借你骑去吧!"但忘记借马之人往何处,此人骑马办完事回来,不知如何自还此马,便沿途打听,后来终于找到了马的主人,归还了马。此即说明东汉时人注重私生活,此是一种德性之表现。

新文化运动即是认真生活,大家都很注意,也有批评,

第十三章

东汉之士风

例如女子放足、剪辫、打倒封建、罢课游行等，实在没有什么新的人生可言。今日人之生活已无情趣，人可以不讲艺术，但至少要有情味，能懂得吃穿的好坏。鲁迅只看出阿Q，却没有看出来茅容、孟敏。我钱某讲历史是告诉大家何处有一盆香花，所谓"十室之邑，必有忠信；百步之内，必有芳草"，此之谓也。

我很爱读东汉时期的历史，我们应该来写一本东汉故事集，对当代社会的儿童将会影响很大。

东汉之所以失败，乃由于上层政治之黑暗，又有所谓"党锢之狱"。"锢"，用铜铁之锁封住，不得解用，意即一群人被封闭起来。东汉有一批名士，如郭泰、徐孺子、李膺等人均是被锢之人。李膺是名士，亦是大官。名士在政治上与太监宦官发生冲突，于是被下狱。

东汉党锢之狱有数次，第二次有张俭做督邮*即今之公安局长*。地方上有一位叫侯览的，山阳人，在京做太监，其亲戚在地方上横行霸道。张俭上奏弹劾其家族之黑暗。公文被压下，张俭痛恶之。一日路上遇侯览之母，张俭杀之，共杀一百余人，连鸡狗亦杀。汉灵帝知之，责张俭道："你是郡吏，何以不用法律处理，而擅杀无辜？"于是张俭逃走，政府下令收留张俭及其家人者杀。但张俭逃到哪里，躲到哪里？

向北至孔融家，张俭与孔融之兄为友，孔融之兄不在家，孔融说可做主，便留张俭住一宿，因而孔融被捉。融之兄出而承担责任，说融尚未成人，不能负责。孔氏兄弟争着要承担此罪责，中央下令杀融之兄。果然是张俭之不是，侯览亦浑蛋，张俭一直逃出山海关。政府不应再杀此种义人了。政府为了张而杀了无数人，实不应该。可见汉朝之黑暗，政府欲借此而一网打尽，全部下狱。其中有湘之范滂亦被捉。知县接此公文后不上堂而哭泣，范滂说："一定是中央要捉我，知县不愿捉我。"范于是自己去县衙投报。知县是好官。范自上囚车时，母与二子同送。范对母说："吾不孝，不能侍奉老母而犯罪入监。"母说："你能与名士李膺等一同下狱，吾心喜甚！"范回头对二子说："我此去不回，有话教训，坏人不好，勿做，好人如我亦不好。"可见汉朝此时政治黑暗，应该完结，今虽有大乱，但前途仍有光明。

有位大将军上奏章给朝廷说："我亦属于这一党，为何不捉我下监？"此乃光明_{指社会人士}与黑暗_{指太监}在斗争。

几次杀党锢，就有杀太监。当时外戚何进与名士袁绍结合，袁之四世三公做五院院长，袁家门生故吏满天下，袁绍之母死，绍在坟前服丧三年，所谓"庐墓三年"，回家时有几百辆车送他。后何进联合袁绍、董卓杀太监。董卓欲立皇

第十三章
东汉之士风

帝，袁绍反对，联合十八州讨董，其下名士很多，如周瑜、曹操等均属。

佛经说：凡事有阶段，成、住、坏、空是也。人亦有四变：生、老、病、死是也。任何事、物、人，均要经历如此阶段。

秦汉大统一，西、东两汉四百年，结果统一政府归为乌有。历史永远是如此。这是循环的，事情是人做的。人有四个阶段，此即天运循环。今日世界各国均有此四阶段，即是由希腊而罗马，而英、德、法，再而今日之美、苏。他们是空前绝后的。中国则永远有后代，既不空前，又不绝后。

自有人类以来，称始皇帝者为第一之伟人。袁绍、何进请董卓杀宦官。当时董卓带兵杀青海、西藏之乱民。董杀宦官后要立献帝，袁绍联合十八州讨伐之，董卓带献帝到长安。袁绍想自立为王，故不再讨伐董卓。汉相王允串通吕布杀董卓后，长安大乱。王允死，吕布走，卓手下郭汜、李傕两派，一边拥有大臣，一边拥有皇帝，双方均可代表政府。小皇帝后来自陕西逃走，途中艰难，夜渡黄河时，船在水中，皇帝与后妃用丝绸带吊下船，背后有追兵到来，船很小，人从船上跳下来时有落水的。后渡过黄河到了山西，在一小村庄停下来，乡民提供王室食物，皇帝与众臣在农家开会，乡民们爬上篱笆来看热闹，篱笆塌下，使皇帝失去尊严，再循着黄河逃回洛阳。由于董卓用焦土政策，洛阳之宫门与衙门均已付之一炬，皇帝只得在壁下搭一草蓬，作为临时衙门。

公务员没有薪俸，而且下班后自己去找寻食物。此时已无处求乞，只得去寻秔吃。秔是野生的稻，为烂米所生长的芽，但吃不饱，有饿了数天而丧命的。此时期的汉朝中央政府已经完蛋，已无人看得起它。

但此时之曹操有眼光，由他出来收拾这块旧招牌。他采取封相，挟天子以令诸侯，又东征西讨，竟统一了天下。曹操只是利用献帝这个小孩而已，他见献帝时是十分骄傲的。献帝之伏皇后，其家是书生，秦时即有伏生将《尚书》藏于壁中。伏后联合朝臣欲有所动作，曹操即派人去捉伏后，派华歆去查。当初，华歆正与其友管宁在花园中锄菜，掘出一块金，管宁视而不见，华歆见而动心。自此管宁即与华歆绝交。管宁去了辽宁，华歆则在曹操手下办事，曹因好贤礼士，欲请管宁回来，但仍不任官职。伏后藏于壁中之货未能查出。此事犹如特务跑进皇宫搜查献帝。曹操办一切都能干有为，但有政治上不道德的缺点。因为曹如此对待献帝及伏后，实不应该，因此有人不佩服曹操。

袁绍下属陈琳曾作讨曹檄文，绍败，琳被曹操逮捕。曹

第十三章
东汉之士风

先赞琳所作讨曹文辞章优美，但责琳骂己可，而骂其父母则不可，实太过分。

曹操亦特别重视刘备，刘备归曹后，曹对刘说："今天下英雄，唯操与使君耳！"刘备出身于贫苦家庭，听曹操此言，手执筷子震落堕地。刘备是装作无用之人，免被对方看出。

曹操待关羽亦极好，派张辽劝关羽降曹。关羽蛮有义气地说："曹公待我不薄，我要报恩后再走。"张辽两面为难，以实话对曹操说，曹操又封关羽为汉寿亭侯，后来关公杀颜良斩文丑，曹恐关走，更加倍厚待之。关羽始终不为所动，挂印封金而走了。曹操对下属说："各为其主，不要追他。"这就是曹操为人的优点。小说上关羽过五关斩六将是假的。

刘备在荆州遇徐庶，徐庶介绍诸葛亮，刘备于是三顾草庐。诸葛亮当时是二十多岁的青年，刘备已四十多岁，是汉室王亲。

曹操打到荆州，扣留徐庶之母，欲请徐母函庶来为曹做事。徐庶知母被曹扣留，方寸已乱。后来虽身在曹营，但并未为曹做过任何一件事。有本事而不肯用出来亦是伟大之人物。

曹操又请司马懿。司马托病而辞。夏天司马晒书卷，一阵大风吹来，司马立刻将书卷收起，由此露出破绽。三国时期，地方领袖各自为政，谁也不佩服谁。大家互相杀伐以抢夺政权。曹与司马各怀鬼胎，以消灭对方为努力目标。政争永无了期。此时如有一大人物出现，能不以杀人而服众，则大佳矣。

此时期，有一帝王说："愿世世无生帝王家。"因做皇帝实在非常可怜。

第十四章 东汉末年

东汉末年，一片战乱现象，先有黄巾之乱，再有董卓之乱，再是十八州联军祸乱，接着是曹操与刘备、孙权之争霸。曹操之所以不能统一中国，纯因众人不服所致。

诸葛亮在舌战群儒中说："曹操名为汉相，实汉贼也。"后来终于魏、蜀、吴三分天下。

魏都许昌，蜀都成都，吴都南京。按照历史来说，曹操忠于汉室，可能统一，但曹又想夺取汉之政权。曹操自比周文王，三分天下有其二，其子魏文帝丕，是献帝让给，实篡位也。当时刘备、孙权亦均做王。三国中以魏领土最大，人才最多，北方一大幅土地在魏管治下，自丕做王后，政权已入司马懿手中。"你能夺人，我亦可夺你。"因此，魏国大权已为司马氏所掌握。司马懿死，二子师、昭更为跋扈，无君臣之礼。丕死，曹叡继位，再有齐王芳_{芳为丕之孙}，仅八岁。司马师欲废芳，迫芳之母废芳，皇太后想说情，手下劝其速将印绶交出。_{印之带曰绶。}芳被废后，高贵乡公做王，师死，改司马昭。一日，高贵乡公找大臣商事，说要打倒司马昭，"司马昭之心，路人所知也"，因昭欲篡位。高贵乡公说决定执行，但其中两臣又归向司马昭，可见政局混乱而黑暗。王遂率众讨伐司马昭，昭手下不敢攻打对方，成济问怎么办，贾充答道："司马公畜养汝辈，正为今日。"于是成济将高贵乡公刺死，司马昭见王死而假哭，结果成济被杀谢罪。此时人已无道德良心，世界已大乱，后司马昭之子炎篡位，是谓黑暗时代。

当时人亦不佩服司马氏，昭欲为其子配亲，欲采一有名望家族之女，看中阮籍_{其父阮瑀是位诗人、文学家，在曹操属下办事，与陈琳齐名}之女，阮籍不敢公然反对，整日装傻喝醉酒，如此历时三个月而拒婚。

司马氏得天下，称为晋朝，昭未得天下时，蜀已灭，得天下再灭吴，中国统一。当时有大臣何曾回家告诉儿子说："我们皇帝得天下后，未讲过国家大事。孙子没有好日子

第十四章
东汉末年

过。"此因何曾是魏国大臣后做晋臣。何曾自己则"日食万钱，犹曰无下箸处"。何曾私生活如此，可见亦不是一个好人。

晋武帝司马炎得天下后，不理天下事，拥妃子极多。下午三四点钟出宫，坐羊车去妃子处过夜，羊车停留何处，便在此家过夜。其中一妃知此习性，便在门前撒盐水稗使羊停下来喝盐水，使武帝在此家歇宿。此人连找对象都不肯用脑筋，更遑论国事了。这便是晋开国皇帝之作风，其子惠帝司马衷配贾充之女，为出名之贾后，惠帝却是神经病、白痴。

当时是荒年，惠帝说："没有米饭吃，何不食肉糜？"亦是昏庸之人。贾后则极坏而荒唐，与婆婆杨皇太后闹意见，命惠帝赐死太后之父杨骏。太后一家被杀，自己披发上表，自称妾，求留杨骏之母命。禽兽尚认识其母，贾后不理。当时有太学生入太学，在大礼堂讲说做人道理，说今日社会如此情况，天下安将不大乱。人理已灭，社会不可救药，故晋朝大乱。西晋统一没有几年，是回光返照而已。

曹操、司马懿等辈打破了君臣伦理关系，一切礼仪制度随即打破，故社会垮了，人伦灭了。

第四篇

第十五章　魏晋南北朝

第十六章　北朝

第十七章　五胡汉化

第十八章　南朝

第十九章　宗教信仰

第十五章 魏晋南北朝

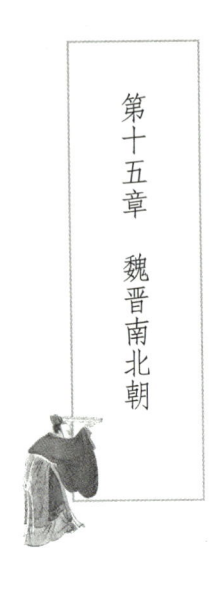

魏晋南北朝是中国统一后之中衰时期。

汉献帝建安二十五年是魏文帝元年曹丕篡位，亦称曹魏，建安二十五年前则称东汉。

篡曹魏的是晋司马炎。晋篡位，再过十六年，吴亡。接下来有贾后之乱，又引起历时十六年之八王之乱。

西晋有武帝，下有惠帝、怀帝、愍帝，共四朝。愍帝被胡人捉走，谓之蒙尘。后西晋南渡，往南边而下，谓之东晋。此时长江流域由东晋管理，黄河流域由五胡管治。东晋一百零三年，为宋灭，接下来是宋五十九年，齐二十三年，梁五十五年，陈三十一年，相加为二百七十一

第十五章

魏晋南北朝

年，谓之南朝。

北方之五胡则管治一百三十六年_{东晋与五胡同时}，后为北魏所统一，亦称拓跋魏_{鲜卑族人}，也亦元魏_{与宋同时}，有一百四十九年，统一北方只有九十四年。东魏十五年，西魏二十二年。东魏变北齐二十八年，西魏变北周二十四年。[1] 以上称为北朝。

北周灭了北齐，隋又篡北周，又平定南方，中国再统一。

上述共历时三百九十二年，统一中国，严格来说，只有晋武帝的十五年。至愍帝为匈奴所捉，故可说是中国的分崩时期。

此一时期，南朝是宋、齐、梁、陈。

北朝是元魏，东魏、西魏，至北齐、北周。

当时中国不但不统一，且无一共同信仰，如有信仰中心，始可民族团结，但此时已失去中心。

古代中国，西周为政治中心，春秋之乱，有管仲出而尊王攘夷，战国时期则有孔子的共同思想，汉朝以后之政治，

---

1 编按：上述相关朝代时间的记述，与钱版《国史大纲》存在一定出入，或为钱先生后来修订；另，与现行年表对照，出入时间在合理范围之内。鉴于起讫年代的选取差异，凡此类问题，本书均予以保留，不作改动。下同。

其中央政府之学术思想是孔子的儒家思想。但东汉末年，政治思想推翻了，党锢之狱将好人下狱，备受压迫，正如范滂所说，已到怀疑时代。

范滂以后，曹操出来招贤，不忠不孝没有关系，只要有本领便录用。因为曹操不讲忠孝之道，所以不能得天下。

到了司马懿有了改变，可以不忠，但重孝道，当时有二十四孝，如王祥卧冰等。

今日有人提倡要忠不要孝，可以无私德，只要忠于主义。但今日五四新文化运动之一是怀疑，重估新价值，因此有的青年消极腐化了，有的走上坏路。

对中国历史应有温情与敬意。

汉以后中国讲孔子，东汉末年则持怀疑。曹操说做坏人，晋人则说要倡私德，做好人。五四运动后，好人与坏人没有标准，共产党则定出了标准。因此有佛教进入中国，入世悲观并无意义，主要讲出世之道理，讲人死后尚有生命，于是入世不能随便做坏事。自十六世纪到二十世纪以来，西洋并无共同政治中心，各国分裂，但有耶稣之共同信仰，经过文艺复兴、宗教革命后，分裂为天主教与基督教，基督教则又分为数十百个教派。

同时西方的信仰心已较中古时期衰落，因科学打倒宗教

第十五章
魏晋南北朝

思想，奖励入世。为财而打倒人家，专讲肉体，是谓文艺复兴，主张个人自由，入世心强，出世观弱了。

今日西洋人敌不过俄国，因为无思想信仰中心，故主张复古，回到中古时期。光讲自由是没用的。

佛有"佛、法、僧"三宝，"佛"指已死的，"法"指道理，"僧"是指生的人。如照基督教讲法，"佛"是上帝，"法"是耶稣，"僧"是牧师。宗教只是人生社会之一面，不产生最高作用。

香港只能说是一个机械的中心，水、电、娱乐、巴士、轮渡……其实是同床异梦的，心情各不相同，是唯物的机械的社会。英、美、法可说是唯物的社会。英、美在利害关系上一致，并非信仰道德上的一致。总之，社会应有一个共同的信仰。

胡人入侵后有五胡乱华。以血统论，可称为自然的民族，有没有跑进历史前的先史，进了历史应另有文化的民族。如今日的美国一般，是各国人民的混合，称为历史的文化的民族。这是跟自然基础来的。

春秋时代华戎杂处，戎狄血统与中国相同，姓姬、姜等。战国时期同化了游牧民族。秦始皇统一中国后，有了统一的政府、民族与文化，不称杂处了。

中国是大国,开始漫无疆界,并不像古雅典、埃及、巴比伦、斯巴达、罗马之有小圈。中国则甚奇怪,尧舜时不知有国界,到秦以后才知道,并且有版图的确立,民族的抟成。中国古代尧、舜、禹、汤、文、武、周公并无国之境界,后才有天下观念。

中国人天下为家,舍己为人,而外国人对自己国家观念、地方观念均极为看重,中国则天下一家。西洋人说文化如小孩子放在摇篮中慢慢长大。中国文化则如小孩放在田埂间,亦自然地长大了。

秦朝时统一,外有四夷,与匈奴用防御、攻打之法,后来允许匈奴入住中国,因长城以外不适生活。于是同一生活,所谓"四海之内,皆兄弟也"。

罗马人征服了外国人,便要他做奴隶;中国人打垮了匈奴,请他进长城以内入住。

匈奴南迁,西汉时就有,东汉更多。匈奴南迁山西的特别多,他们的工作和教育均照中国同一待遇。

魏晋时大乱,这些人造反,因中国的胸襟并不宽大。

尚有少数民族氐、羌,在西北部的陕、甘、宁、青等地;有鲜卑人在中国的东北部;也有羯,是匈奴的一部分,可能非同一血统。以上连匈奴,合称五胡。开始是匈奴,最

第十五章
魏晋南北朝

后成功的是统一北方的鲜卑,称为元魏。

中国的边疆,以东北部最为麻烦,鲜卑、辽、金、清,均从东北面发起。

起初匈奴捉拿晋帝,晋南渡后成为东晋,北方则成为五胡十六国。

魏晋以下为南北朝,所谓"衣冠南渡",即上层文化人来到了南方,尚有留在北方的。当时中国社会是门第社会,亦可称郡望。如诸葛亮,是琅琊人,是大家族、大门第,世代做官,家世二千石,相当于今之省长、部长。

黄巾之乱起,门第避难,诸葛亮逃到襄阳隆中,但其兄弟一在吴,一在北方跟从曹操,[1]均是了不起的人物。

尚有鲁肃,亦是大门第,拥有两大米仓,其中之一送给了周瑜。

又如袁绍有四世五公[2],做到院长之流。

中国今日之社会少了一个封建,无团结之庄园,故受人欺辱,因为是分开的、个人的,故吃了不封建的亏。今日中

---

1 编按:诸葛亮兄诸葛瑾在吴,弟诸葛均在蜀,族弟诸葛诞在魏。见《三国志》。

2 编按:袁氏四代有五人居三公位,人称"四世三公",又称"四世五公"。"四世五公"之说分见《资治通鉴》卷六十一《汉纪》、《三国志·蜀书·先主传》。

国社会只有政治势力,并无封建势力了。

当时的门第有势力,有其封建势力,乃是胡汉合作,逃到南方的只有几十个大门第。

第十六章 北朝

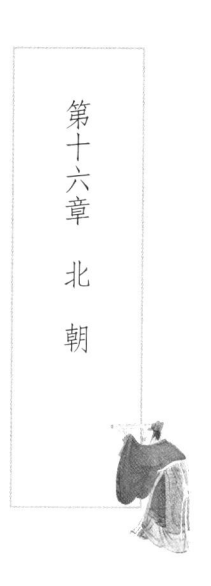

外国人进中国后,同化成中国人,亦看其为自己人。今日我们称五族共和,汉、满、蒙、回、藏应团结成一个民族。

岳飞、文天祥将蒙古人当夷族,但今日又有人纪念成吉思汗,似乎有矛盾。但这其中历史要客观地讲,外族入侵是对的,要反抗外族亦对。当时有人提倡不能刺激民族的感情,但历史不能否定。

胡人跑进中国,如说异族统治我中国,不十分妥,故可称为部落统治较为合适,使文化教育抟成一民族。部落可以算一个小范围,只要在中国,就一视同仁,政治是中国人的政治，如汉人的政治，因政治是代表全国性的。

但蒙古人建立元朝，是代表蒙古人的政治，故压制外国。如殖民统治时期的香港，是代表英国人之政治，没有一视同仁。

满、蒙族人，跑进中国，均代表其各自的政权，故称部落政权，我们当他们是兄弟，但他们没有把我们当兄弟。

今天希望多族共和，但从前是异族。在中国二十四史中根本没有专制政治，没有封建社会，这只是外国人说的。

人不是"血统"的，是"文化"的。没有文化教育，国家就危险，自己不承认是国家，外国也不会承认，就会变成游魂。

有胡人接受并了解中国的部分文化。匈奴人刘渊之刘姓是外婆家之姓，刘渊是五胡乱华时在中国的太学读书之第一人。

羯人石勒是被人贩卖的奴隶，才华了不得，后来做了领袖，不识字，叫人念历史给他听，他猜中了十分之七。石勒有一天问人道："我在历史上可与何人相比？"人答："无人可比，但可与古代皇帝相比。"石勒说："何以如此瞎说，我不懂吗？我如遇汉高祖，情愿做韩信、黥布；如遇光武帝，则与他较一日之短长；至于曹孟德、司马仲达，取人天下于孤儿

第十六章
北　朝

寡妇之手，则我不为也。"石勒虽不读书，但很了不得，他已接受了中国文化。近人戴季陶说："孙中山先生可比尧舜禹汤文武周公，可比美国华盛顿。"但没有孙中山，仍有中国，这是不讲道理。

后来有氐人苻坚，几乎统一北方，他重用王猛，学齐桓公用管仲，齐桓公称管仲叔叔，苻坚亦称王猛伯伯。苻坚重视文教，其他经都有人讲，只有《周礼》无人讲，后来请了宋老太太（宣文君）来教《周礼》，中国人规矩，男女授受不亲，便用布幕遮着讲。可见苻坚提倡中国经学。

苻坚亦尊重佛教，因只讲中国不喜欢，故佛教在北方很通行。[1]苻坚请了鸠摩罗什西域王子，后传授了几个弟子。王猛死前告诉苻坚，说不要打南朝。后来苻不听，故淝水之战失败。

此是胡人在北方的汉化，待到北朝汉化完成，中国文化保存下来，直到今天。故如要学外国人，就应向石勒学习。

---

[1] 编按：五胡君主，自谓本胡人，当奉胡教，认为"佛是戎神，正所应奉"。见钱穆《国史大纲》。

第十七章 五胡汉化

鲜卑族是五胡汉化中最成功的一族,因为它处于东北部的农业区,故易于汉化。后建立北魏,统一了十六国,建都平城山西大同。雁门关外是塞外了。

中国的国防线,河北省只有一条,经山海关到南口。山西则有两条,一为雁门关,其外为大青山,故山西较河北易守。文化区则在东汉、西晋曾经营过的洛阳,然董卓之乱后,再经刘渊、石勒一打,已废。

苻坚建都长安,一大批中国人逃到甘肃、宁夏、五凉等西北地区,称为"塞上江南"。士大夫避难五凉,尚有避难东北的,与鲜卑族人合作,后又打下五凉,故中国的知识

第十七章
五胡汉化

分子都与鲜卑族人合作了。有此条件，故汉化特别高。后来出了魏孝文帝，极端主张汉化。他做皇帝后，其母摄政，其二十五岁时亲政。他的第一大政策是迁都大同。大同有云冈石窟，和宗教艺术大有关系。因大同天气冷，地方太小，可耕之地少，且其有统一中国之野心，以南京太远，而迁都洛阳。但人们不愿迁都，想在大同苟安，且洛阳地区湿热，大家反对。于是魏孝文帝提出南征，遂带兵亲征，时孝文帝二十七岁，众人亦不反对。至洛阳，大雨，朝廷不好反对，遂迁都洛阳了。最重要的，此时期要推行汉化。于是下令规定：

第一，禁鲜卑人穿着胡服。

第二，禁讲北语胡语。当时有中国士人李冲说："四方之语，竟知谁是？意即谁讲的话对，并没有一定。帝者言之，即为正矣！意即以皇帝所说的为标准。"魏孝文帝说："你的话犯了死罪。"可见魏孝文帝推行汉化很努力。

第三，禁北魏的人归葬。死在何处，便葬何处，使大家可安心住在洛阳。

第四，改鲜卑姓氏。孝文自己姓拓跋氏，改姓元，称元魏。后来与白乐天齐名的元稹，即是鲜卑族子孙。又有姓长孙的，唐时有长孙无忌。共有一万一十二个姓，一律改为中国姓，其中唐代出了很多大人物。

第五，奖励鲜卑人与汉族人通婚，提倡混合汉化。孝文自己拥有四位王妃，即太原王氏、荥阳郑氏、清河崔氏与范阳卢氏。以上为北方出名的大家族，崔莺莺之母即郑氏。当时鲜卑人反对的很多，其儿子亦不喜欢，又反对离开大同，因为北方可以打猎，不爱穿华服，又想逃回老家，后来被赐死。

魏孝文帝用的中国士大夫很多，又建新洛阳。今日中国传下《洛阳伽蓝记》一书，专讲洛阳有很多寺庙，可看出整个洛阳的市容，足以与今日西方的名城巴黎、柏林媲美。[1]

魏孝文帝二十七岁南征，二十九岁迁都，是位青年皇帝。可惜他寿命不长，三十三岁死了。如再多活几十年，中国可能会统一，历史可能也会变成另一种样式。

魏孝文汉化后，鲜卑人变了，生活得奢侈而舒服。

鲜卑内迁后，另一批外族柔然族入侵，故在北方留军队驻镇以防外族，留驻的均为皇族。因此在南方的成了文化程度高的文人，在北方则仍是武化的，仍是化外人，故家族分成了两个不同的集团。两者相差很大，引起北方鲜卑人不满，后来南方的鲜卑人被打垮了。今日社会分成两个对立集

---

[1] 叶按：钱先生说，他喜爱洛阳，它代表中原，山平水远，缓带轻裘，和平宽博，太平安逸，易使人平俗。

第十七章
五胡汉化

团亦是如此。故在一个民族中间不能突出有高文化的,更不应看不起低文化的人。于是北方人打进洛阳,此谓浊流打进清流。

魏孝文帝的理想并不错,但为时只有五年,后人只学到生活的享受,却没有学到孔孟之道。今日我们学欧洲人的长处是可以的,但只学到坐汽车、穿西装、吃西餐,却是太肤浅了,应该同时学习他们优秀的地方才好。

元魏后来又分成东魏北齐与西魏北周,后北周灭北齐,北方再统一,北周仍续汉化。

胡人复兴中国仍靠汉化。

北魏后分成东、西两魏。东魏为高欢篡位,叫北齐,迁都邺;西魏为宇文泰篡位,叫北周。[1] 北齐富而大,北周小而穷,但汉化较高。

宇文泰任用苏绰为西魏宰相,请他改革政制。苏绰是用《周礼》的第二人,苏绰有友人名卢辩,两人同研习《周礼》。苻坚时期曾请一老太太讲《周礼》。

当时北齐有熊安生,对《周礼》素有研究。北周灭北齐

---

[1] 编按:高欢、宇文泰分别专擅东魏、西魏朝政多年,但均未直接称帝,北齐、北周各由其子正式建立。

时，熊吩咐手下打扫所堂，说今日有人会来拜访我，后来果有人来访。

周武王攻入商纣都城，第一个命令要拜访商容[1]。

苏绰四十九岁死，死前告诉其子[2]说："有件事心中不安，为了国家而赋税加重，你以后为政，应减轻赋税，切勿忘记此事。"后来其子成为隋朝财政学家，隋代在中国最富，赋税也最轻。只要乡里中有一线，便是一光明，一扬开，光明就来了，谓之一线曙光。

北周灭北齐后，隋朝杨氏篡位，再征服南朝、北朝，五胡乱华遂告一段落，中国统一，此乃北方之情况。

---

1 编按：商纣王时代的贤臣。
2 编按：即苏威，隋代名臣，在职期间力主减轻赋役。

第十八章 南朝

两汉时期，中国重视经学与儒学。

东汉末年，黑暗日子来临，书生没有出路，范滂对儿子说："好人坏人都难做。"故当时看重老庄思想。魏时有王弼注《老子》书，晋有郭象注《庄子》书，因悲观消极不谈政治而讲清谈，可称是玩世的哲学。老庄原是遁世，是隐遁出世之人。也就是玩世不恭，混日子过，态度不严肃，却仍在政府做官。

当时有位名臣王衍，石勒打倒晋后，捉到王衍，要他说出晋失败之原因。王衍说："此非我之责任，因我的主张不能实行。"劝石勒做皇帝。石勒对王衍说："先生名扬四海，少壮登朝，至于白首，何会不预事？破坏天下，正是君之罪。"可见石勒伟大，见识亦了不起。

王衍一生从不说一钱字，其太太某日晚上在其床上都铺满了钱币，让其醒来时可以谈到钱字，但王衍早晨醒来时命婢女道："拿掉阿堵物。"王衍虽清高，其太太却最喜欢钱。但他不管家事，很糊涂。这个人名气很大，有的地方常人不可及。

民国时人吴稚晖活到快九十岁，清时参加革命，到今天他从不负责，一辈子不开口做官。他一生不坐人力车（即黄包车），上火车时行李自己提，一身破衣服，到重庆时（抗日战争时），已有七八十岁，住在某药房之一间小屋中，生活清苦，做事认真，但对国家大事并不提意见。今日已没有像石勒那样的人干涉他了。吴氏可说名扬四海，何言不预事？如蔡元培者亦如此，都是养清望之人。

石勒并没有杀害此等养清望之人，只说他们衣冠神气像样，代表中国文化，不可杀。摆放着又没有用。现今也有这一类人，他们代表着一个社会，什么都好，风流、神采非凡，但事情却坏在他们手里。

东晋南渡后仍是清谈，玩世不恭之风仍是照常，可见移风易俗之不易也。

《世说新语》是一部极好的兼有文学、历史及哲学的书。

第十八章
南　朝

自东汉末年起，完全可讲述这些故事，"虽小道，必有其可观者焉"，故不可一笔抹杀。

王献之（羲之之子）爱竹，每到一处，立刻命人在其住处周围栽竹，他说："我不可一日无此君。"他认为竹最清高。有人告诉他某家之竹很好，于是献之就于某日去看竹。该种竹之文人家便准备以待，王献之去到后，一直跑入竹园中，主人却在所中等待，王献之看完竹便走人，主人因得不到相见而生气，将大门关闭不让他出去。王献之说，这个主人好，要与他谈谈。恭恭敬敬要请他见面，他不愿，直到主人关起门来他才愿相见。[1]《世说新语》中便有这一类故事。

当时读书人的这种艺术精神，是令人钦佩的。

当时东晋有位大人物名叫桓温的，带领军队想统一中国，但未成功。有王徽之者，在桓冲（桓温弟）手下做骑兵参军，但不管事。当时人认为他很了不起。桓冲问徽之管什么事，说管马。问有多少匹马，王徽之说："不问马。"《论语》中有一典故，有火药库爆炸，孔子问："伤人没有？"孔子只问

---

1 编按：此处疑为钱先生误记或记录出入。此为王徽之（王羲之第五子）轶事，王献之则另有其事。王献之曾闻顾辟疆有名园，径往其家，游览后自顾点评优劣，顾生气将其随从驱逐出门，献之久等随从不至，依旧坦然自若。见《世说新语·简傲》。

人，不问马，故王徽之说："不问马。"不管马死了多少匹。徽之说："未知生，焉知死？"又说："西山朝来，致有爽气。"其实学老庄应到山上去。对这种人只有用石勒的方法，只和他谈天气可也。可见魏晋时人不可能有什么作为了。

后来南北朝佛教大盛。桓温想统一中国，东晋手下亦不帮助，到了洛阳亦不能说。桓温在北方遇王猛，但王猛不肯去南方。

宋、齐、梁、陈四代中，最有名的是梁武帝，他是一位好书生，笃信佛教，其子昭明太子萧统，作《昭明文选》一书，此是《诗经》《楚辞》之后的一部重要文学汇编。梁武帝之私人道德与汉文帝、康熙帝相同。他信佛法，吃素，穿布衣，但仍关心政事。后有侯景之乱。

北方守旧尊孔，南方有新潮流、新思想。北方是胡汉合作，汉人起来统一中国。

第十九章 宗教信仰

一、中国传统宗教

佛教进入中国，是一大问题。西方人看中国没有宗教，觉得很奇怪。中国人有古代的信仰。

西洋人主张一神教，认为很高级，认为多神是低级宗教，这是西人的说法。其实，佛教并不低于基督教。印度尼赫鲁想自己搞点花样，非美非华，至少他有野心。中国人却睁开眼睛跟人跑。印度气候暖，觉天地丰富，故信仰多神；阿拉伯是海边沙漠，觉天地很简单，故选一神教。宗教之缘起，实由环境不同而生。

中国人信多神而又分等级，最高级的是上帝，中国人奇怪的是信天，信上帝，但普通人不能与上帝沟通，只有天子代表可祭天。袁世凯亦祭过天，只有中央政府才有天坛。<mark>读书人从公而祭孔子，是公的而非私</mark>。西洋人则对上帝亲切。中国是等于派代表，不如西洋人之与上帝可以交头接耳。

　　当时如英、德作战前向神做祷告，求神帮助。中国则不然，只有天子做代表。两种方式究竟何者为对，很难说。

　　中国在上帝之下，尚有土地公、财神、海神、城隍等，分头掌管。城隍、土地下面尚有偶像。西洋只有一神，故不能画出偶像。中国讲忠恕之道。西方人认为多神是低级。西方人说低级，是拿不平等的眼光来看人家，是不对的。

　　中国是有代表拜天，造成地上有大王国。西洋人则人人可与神讲话。

　　周公也曾向上帝祷告，他说，上帝的意见不易明白，"天不可知，尽其在我"，但可向天祷告。西方人是"我知道天"。耶稣是天之子。孔子亦云天不可知，故只能尽人事，可见人事以外尚有天意。

　　墨子信仰上帝，认为他知道上帝的意思。《墨子》书中有《天志》篇，可参看。

　　老庄反对神。庄子说不知天意，老子则推翻了上帝。西

第十九章
宗教信仰

方在十六世纪时，有哲学家不信上帝。

阴阳家认为上帝有多种，上有昊天上帝，下有五色上帝，青、黄、赤、白、黑合成一昊，有光而无色。又分为金、木、水、火、土，相生相克，可说是唯物观念。

后来中国尚有神仙思想，有所谓长生。基督教讲永生，人最怕死，人生不过百年，不能放心，于是创造宗教，以满足不死。神仙是不死的，且可游世界，再下来世界，比基督教的天国更妙，非科学的，亦非哲学的，但有人情味。

神仙思想的产生，可能由长江、黄河、汉水一带首先发生，又到了沿海一带。中国最好看的古代的文学，其实与希腊不同，不能与外国人讲说。

秦皇汉武均欲做仙人，后来人人都想做。任何历史书上都未谈及这件事。有人可以来写一部《中国宗教史》，此与政治、文学可带上关系。

东汉以后，世界大乱，如范滂所说，人无出路，中国最大的信仰是有上帝。

二、基督教

耶稣说：上帝的事上帝管，恺撒的事该恺撒管。宗教与政治，要清楚分开，但还要说出毛病，只有让暴君来统治了。中国则不然，有统一的政府，有希望，不是个人的，是对上帝的。西方人不易组织大一统政府。中国人的宗教是集体的，但到东汉末年垮台，不信周公、孔子、上帝了，因此信老庄的玩世哲学，神仙的游戏人间也出现了。

五斗米道是黄巾时发生，直到今天，龙虎山之张天师为中国后来之道家，与神仙思想有关，谓之方术_{称为邪道}。宗教与方术，相差不远。

民死祷告、诉罪，亦可说由方术而变来。中国尚有妖怪。东汉初王充的《论衡》反对阴阳家一切迷信。到了三国时代，方术长生之士_{如左慈}集中在曹操门下，其子不信[1]。东晋书亦多长生、上帝，都做不到，周公、孔子亦不信，神仙做不成，只有讲老庄。现世之官被石勒压死，此路不通，因此觉得佛经是新鲜的。于是佛教进入，领人走另一条路了。

知道这些本源，也可知基督教之进入。

三、佛教

佛教看世界与一般不同。世界是苦，康有为之《大同书》即以佛家来解释世界，即生、老、病、死是苦，一切富

---

1 编按：曹丕专门写了一篇《论方术》批评迷信。

第十九章
宗教信仰

贵、名利、家庭，在生老病死中均取消了。人生实在一无留恋，如何解脱？对人生是消极的、否定的。任何人生理论哲学，先要人生无意义，才可入门。大家希望的有什么价值呢？要取消一般人的想法。人忙的是什么？

佛与道相反，道看不起世上一切，佛首先要解脱，社会是平面的，人生即社会。基督教是两层的，上有天国，人死是灵魂上天，中国人死为鬼，但仍在同一世界，在牌位上，故风水好，家世也好。人死仍在这社会，大人物，如沙田的车公庙，台湾阿里山的吴凤庙，仍在当地祭他。做了仙人，也到世上来玩。中国人是执着于现世人生，基督教则讲主的最后末日，人消灭了，好的回到天国，地上是旅居的，不朽的在天堂，灵魂只与上帝有关。

中国人很怕没有后嗣，无后即变野鬼，无人祭他，阴间附于阳间，这是一般说法。

古人讲三不朽：立德、立功、立言，儒家看社会讲性善论，人人都可好，都可做尧、舜等圣人，但要世界太平大同，很难做到。

基督教看不起社会，讲原始罪恶论，只有信主才可得救，可以上天堂。佛教则无另外天堂。

孔子讲历史文化中的黄金时代。

释迦牟尼不讲历史,亦不代表上帝,只觉世界苦,求如何解脱。但苦非来自罪,亦无人审判。乃问苦自何来?佛教重要的是讲轮回,讲现在、过去和未来三世,讲"业"。业即做的每一件事,人生做的均是业,想的做的都是业。任何人都不白过,人人要做业,人人种瓜得瓜,种豆得豆,任何时间做的业均对将来有影响,不可当儿戏。人变成今天的样子,乃是从出生到现在加起来的总和。人死了,账仍不完结,尚有轮回。人与动物均有情,都有轮回,但非灵魂投胎。

孔子乐观看世界,释迦悲观看世界。业是一般的行为,生命的经过积累起来,人要死,但其业仍在,这话讲人生是对的。

我们今日的一生是前世做的业,三世均是苦,永远是苦。人在苦海,跑不出来,过去的事仍要负责,懂得此理者,不能胡闹过日子,此后要自我负责,一世一世下来,永远脱不掉。

跳海即是一业,仍不能了结,人生是苦海,永不超拔。海水是咸的,人生没有一秒不苦,这笔账永不会取消,但有一办法,即不要做业。

天亦有轮回,诸天听释迦讲法,如何超出轮回,即取消做业,并非要不朽,要永生,看世界皆空,最好不要做什

第十九章
宗教信仰

么,慢慢消业,最后业完。不再轮回,摆脱社会,入空门,什么都不做,这是小乘佛教。取消轮回,叫涅槃。

看破一切皆空,无我时,叫人知没有我。

例如一棵草,长出一朵花,两天凋谢,数月草枯,佛家看仍是可怜。草的生长,分析起来,有阳光、水、泥土……长出花,花即生种子,这就是因缘,乃是很多东西加起来。

灵魂不朽,是上帝降下来的,是一件东西。因缘是一事业,信佛修行,到下一世可超脱业,成涅槃,此乃小乘讲法。乘是坐的船,从此岸渡彼岸也。小法叫小乘,大法叫大乘。

看法不同,无我无法,一切皆空,做的等于没有做,涅槃是在现在。

既然人生是空是苦,何不大慈大悲,救苦救难,超度众生?佛教中有"诸恶莫作,众善奉行"。照此道理讲,有国家、结婚、经商……均可,并不要破世道,此是大乘的哲学理论。

大小乘的说法非迷信,均是哲学理论。

基督教省力,祷告、忏悔、信仰即成。佛教要到涅槃的境界则不容易。

东汉末年到三国时,人人无信心,因此有佛教出现,说做坏人的下一世要受报应,做好人的今世受苦,但下一世有好报，因此人生转向积极，重新振奋了。

故当时佛教的影响很大。

中国宗教依自力，外国则依他力。佛教要超出轮回，靠修行，此并非低级宗教或法术。基督教耶稣的故事近于法术，佛教亦有。法术进一步即是宗教。佛教说："依法不依人。"佛有诸佛千佛，无量寿佛、三世佛，人人可成佛，但与每人可上天堂不同，因基督教是他力，而佛教是自力。

佛教是理论而非信仰，宗教是告诉一番事情，任何宗教都是出世，但佛教应说是救世。

佛家说，世界是三世，有因果报应轮回。佛教第二理论是因缘。因缘起合无自性，即无个性，无我性。如粉笔、手指、黑板，如三者不配合，即不能写字，乃是要三者配合才能写字，这就是因缘。

佛教最伟大是无我，故讲业，讲苦，而不讲轮回。

印度现在仍是信奉婆罗门教，分四个等级。佛教已没有了。释迦出皇宫苦修，饿得不能支持，后进食而悟出佛教来。佛教并非释迦一人讲，乃是依法不依人，乃是诸佛。佛法愈讲愈精深，"我不入地狱，谁入地狱？"是救苦救难的精神。不必出家，亦可学佛，故有居士，日本佛教徒亦可结婚。

今日之佛教，中国有一宗，发展最大，今日已衰。西藏

第十九章
宗教信仰

有一宗大乘佛教，有理论有法术。今日日本、缅甸、暹罗泰国、锡兰斯里兰卡等地均有佛教。

佛教在学术方面的研究是另一回事，学者所研究的往往是过去的。

佛教在魏晋南北朝、隋唐时期特盛。它们能接收消化，并能超越他人，且与中国文化能融合。

外国来华的名僧首先是佛图澄法术派和鸠摩罗什理论派。

竺道生[1]所译《涅槃经》传来中国是个节本，他说"一阐提"[2]译音说反对佛法的人亦得成佛，但《涅槃经》说，一阐提不得成佛。因此佛寺将竺道生驱逐出寺门，后来他全部译出《涅槃经》，才知反佛法亦可成佛，即一阐提亦得成佛，因人皆有佛性也。

因人人可成佛，故后来有当身成佛，立地成佛，乃佛之最高境界，但佛教因之而衰。此是中国化的佛教。

当时魏晋、隋唐时期有第一流人物做僧。中国和尚自己"求法"，去印度，出甘肃、新疆到帕米尔高原、喜马拉雅山，《西游记》中亦有此种讲法。

---

1 叶按：钱宾四先生爱讲竺道生，所谓"生公说法，顽石点头"。竺道生，本姓魏，从竺法汰出家，改姓竺。

2 编按：一阐提指永远不得成佛的根机。系梵语的音译。

中国到印度去求法的高僧，所经历的艰难辛苦，远比哥伦布发现新大陆更险更难。因前者是求法而非求金。佛教徒所求结果是无我救世。

古时出国求法与今日出国镀金不同，乃是受苦。

求法回来，翻译佛经典籍。今日印度只有小乘的佛经，而西藏却有梵文的，中国所保存的佛经比印度为多。

唐三藏译了八万多卷[1]佛经，世界上任何宗教的经典都没有佛教经典多。

自南北朝到隋唐，有《高僧传》[2]，吾人对佛学可不信亦可不懂，但我认为我们应该读一读《心经》和《金刚经》。那是需要的。我们也应该知道一些最有名的高僧故事，所以也应该有空读一读《高僧传》，即使选择来读也未尝不可。

还有，我们也可以找梁任公[3]写的求佛法及翻译佛经的故事及其统计表，这是人人可以知道的一些有关佛教的普通常识。

---

1 编按：一说一千三百三十五卷。

2 编按：以"高僧传"命名的佛家典籍，主要有四种版本：梁慧皎《梁高僧传》，唐道宣《续高僧传》，宋赞宁《宋高僧传》，明如惺《明高僧传》。

3 编按：梁任公，即梁启超，号任公。

第五篇

第二十章 隋代政经状况

第二十一章 唐代政经状况

第二十二章 唐玄宗

第二十三章 唐代衰落

第二十四章 唐代异族之乱

第二十五章 五代十国

第二十章 隋代政经状况

中国历史有一点很奇怪，即每隔三百至四百年换一个样式。西周时中国封建统一，东迁后春秋、战国分散了，至秦汉又再统一，到三国两晋南北朝又分散了，至隋唐又统一了。故正如《三国演义》所说，"天下大势，分久必合，合久必分"。

一般来说，统一时好，分崩时差；整体来说，历史在进步，分散时亦有进步处。

中国以汉、唐两代最好。汉代之前有短的秦朝十五年，唐代之前有短的隋朝三十八年，唐有二百九十年，连隋共三百多年。这是中国第二复兴时期。

讲历史最重要的是治乱兴衰，须了知其原因。隋何以能

第二十章
隋代政经状况

统一中国？隋文帝杨坚 中土人，何以能兴起？北朝有北齐高氏、北周宇文氏 鲜卑人，北周时大臣均为中土人。杨坚篡北周帝位，再灭陈 南朝，又击破突厥而统一中国。当时又有新外族兴起。

当时突厥在北方为隋之大敌 突厥即土耳其。匈奴被汉打败后去了欧洲，突厥被隋唐打败后也去了欧洲。西方人之通路被切断了，因而发现了美洲。

拿破仑、希特勒均打不倒莫斯科，因苏俄北方气候极冷。

隋文帝灭陈时有两条路：一条是从四川顺流而下；另一条是自南京经长江到扬州，再向北至开封 汴，又至洛阳，再到长安。

隋朝建都长安，隋文帝子杨广驻扬州以镇压南方。当时南方富，气候好，民族秀，较黄河流域为好。杨广为人夸大，文学好，人浪漫，他喜欢与人和诗，有人作诗对道："暗牖悬蛛网，空梁落燕泥。此人招忌后来被杀了。又有人作诗曰："庭草无人随意绿。""[1] 当时北方羡慕南方人的文学。后杨广即帝位，即为隋炀帝。他开通济渠 即运河，对南北的经济关

---

[1] 编按："暗牖悬蛛网，空梁落燕泥。"出自薛道衡《昔昔盐》。薛因此诗招致杨广忌恨，后被处死。事隔不久，杨广又作《燕歌行》，才子王胄以"庭草无人随意绿"和之，亦被杀。

系很重要。

后来隋炀帝建立两都,即长安与洛阳;派军出长城,进入突厥;又在蒙古筑一几十万人活动的大城,使突厥害怕。他本人则爱住扬州。

隋既富且强,只有高丽不服,炀帝出兵三征高丽。因为天下乱,他作帝十二年竟被杀了。

隋朝统一中国只有三十八年。文帝何以能统一中国?文帝并无大用,即并非大有能耐,他起初只是跟随北周。北周的基础建立得好,且中国人之势力大,五胡的势力小,北周的基础好,乃是中国人助其建立。

隋代富,是中国历史上最富的朝代。到隋兴起,其潜在的元气慢慢升起而扩大,此乃中国民族内力之恢复,不能以数字来作统计。社会的力量在于优秀的民族性。

隋之富强及突起,至今仍是个谜,故历史不必悲观,历史有突变,先有其潜伏期。

隋炀帝的最大缺点是夸大,滥用人力财力。

第二十一章 唐代政经状况

唐代共有二十帝，历时二百九十年。但开国皇帝唐高祖并无能耐，重要的是唐太宗李世民，李世民十八岁从军，二十四岁打平天下。

李世民为李渊第二子，尚有长子建成、三子元吉。世民二十九岁称帝项羽二十四岁开始领军，二十九岁败亡，被称为"天可汗"，含万王之王之意。他称帝二十三年，但天下已不像样了。炀帝时国家既富又强，可炀帝末年乱了十九年。时有五十个十五万人的团体，社会大乱，且又大荒。当时有新疆高昌国王服隋来朝贡中国，后来高昌王来朝贡唐朝，见中国一路荒凉，故以后不再来华，结果太宗灭了高昌国。

故历史要看其是走上坡路，抑是走下坡路，穷的在向上跑，富的在倒下去，是有所不同的。受教育的中国人不争气，领导人不行。过去美国看不起中国，看重日本，故今日吃亏了。

路一走正，国家民族变为富强便很快。历史不能看现状，要看趋向。如看现状，则隋又富又强，却一路走下坡，唐却从低处往上进。做人也如此，要比趋向，看势头。一百年来中国只懂得现状，现状无法回转，而趋向可以回转。

当时唐与突厥订立了耻辱条约，规定突厥出兵助唐，土地与人属唐，财产则归突厥。突厥只派二千骑兵帮助唐，是谓国耻。后来突厥侵入长安，有一次突厥派十万骑兵来渭水旁。唐太宗带了五个人、六匹马，渡河与突厥谈判，说大家是要好的兄弟，此是外交手段。后来突厥为唐所平定，四方太平，尊太宗为天可汗，故唐的外交手法亦很伟大。

唐代最大的是武功。北方大敌为突厥，唐代初起兵时曾借突厥兵，故突厥颇为骄横。后来突厥为唐所败，其败突厥之原因是：

（一）突厥与汉时之匈奴不同，匈奴由单于领导，是统一的；突厥之领导曰可汗，下有很多部落，在政治上封建而不统一。

第二十一章
唐代政经状况

（二）突厥内部分裂而不团结，一名为颉利，一名为突利，二人分裂后，突利归顺唐朝，如汉时之匈奴分为南北两集团，南匈奴归汉时，已是武帝打匈奴之末期。突厥已归复者则并未与之作战。

（三）巧逢其年大凶，突厥荒年，牛羊冻死，故太宗乘机攻突厥，派大将李靖，活捉颉利可汗，半年工夫，只用十多万军队，突厥即屈服而亡，证明唐之武功盛于汉。可是唐破突厥后，又另有回纥兴起，后来变为唐朝第二大敌。

高祖得天下后一百年才打天下[1]。太宗灭突厥后再破西域，蛮夷尽归服唐。

唐设羁縻府州，此府名即驯养管理外国人之意，唐共有八百五十六府，又设六个都护府，意即保护他们，包括安北、单于、安西、北庭、安东及安南六个，其中安北即今外蒙古，大沙漠之北。单于即沙漠以南，黄河以北，即今之绥远内蒙古。安西即新疆之天山南路，过葱岭到波斯边境。北庭在天山北路，即今之迪化[2]。安东在朝鲜平壤。安南即今之越南。大概中国之疆域以唐作标准，安南、蒙古、朝鲜均在中国历史范围之内，但不包括印度，日本亦在中国历史范围

---

1 编按：汉高祖以下至武帝，约百年，始伐匈奴，通西域。

2 编按：迪化，是新疆乌鲁木齐的旧称。1954年恢复乌鲁木齐市名。

内，不过较疏远。

世界分白种、回族、印度、中国等数大历史圈，即文化圈子，数千年来不予改动，五族共和即在此历史范围内。照理，韩国、越南均应属于中国，汉唐时期已经如此。

唐时在东部之国土较汉为少，唐在西部之国土则越过葱岭，唐之国土疆域东西有九千五百一十一里，南北有一万六千九百一十八里，汉、唐、明、清之疆域大同小异。

唐代之武功所以强大，其原因为：

（一）因敌人并不强大，突厥之政治组织较匈奴松弛，故不可怕。

（二）唐自南北朝以来，民族血统加入新的力量，五胡乱华后混入外族血统，成为新的民族。但亦有混入异族血统使民族变衰的。

汉攻打匈奴最困难的是战马问题，无法去蒙古草原地带，故武帝打匈奴先通知西域，断匈奴右臂。唐先打突厥，再打西域。北朝时胡人建都平城大同，也在塞外。

北朝在北方时有三百万匹马，一百五十万只骆驼，汉武帝最盛时有四十万匹马，故就马言，汉朝不敌北朝。

至魏孝文帝迁都洛阳，尔朱荣在北方，高欢对尔朱荣说："闻公有马十二谷。""谷"即二山之间有水草而凉爽之

第二十一章
唐代政经状况

地。马在谷中，数百里长，一谷可养数万匹马，相当于现代之军港与飞机场，马以谷量，不能数匹，叫作"色别为群"，如白马群等。

汉高祖受匈奴平城之围，匈奴之军队有四色马队。中国一辆车用四匹马，四匹一色的名驹，宰相用的四匹马车不能用同色马，形容中国马少，故不能与匈奴战。

汉武帝到西域取得了马，故可攻打匈奴。

汉代初年打匈奴无马，至武帝时才有。

唐代已有七十万匹马，设有群牧使，专责养马，有四十八监，一使管六监，专门养马，黄河至河陇之间就有四十万匹马。

由于匈奴之政治高于突厥，唐初之马群多于汉时，故唐代之武功大，但并不能说唐之武功比汉强。

骑兵一到淮河流域就会失败。五胡乱华时，苻坚说："我的军队可投鞭断流。"说明苻的骑兵之多，从安徽到长安，沿路是骑兵，但到长江边，就没有办法了。

自唐太宗至高宗，国势日盛，至唐玄宗时，唐更富强，在边设立十节度使。其十节度使（内部）之名称如下：

（一）安西 新疆南路

（二）北庭 新疆北路

（三）河西 <small>自甘肃通新疆</small>

（四）朔方 <small>宁夏</small>

（五）河东 <small>山西太原</small>

（六）范阳 <small>自北平到山东</small>

（七）平卢 <small>热河</small>

（八）陇右 <small>青海</small>

（九）剑南 <small>成都</small>

（十）岭南 <small>广州</small>

节度使者，唐带兵之将不管政治，与近代西人之军人不预问政治同。派出之官员名叫将军，其他另有行政长官，后因唐朝人在边疆上开天拓地，军队驻于边疆不回，带兵之将亦管地方事务。节度使持有中央授予之印信，可全权调度当地军政、经济、民情之一切事务。

十位节度使掌管四十八万六千九百人的军队，玄宗为此问题而拖垮了国家。今日日本之海陆军要与美、苏比，故不得了。日本与英国都曾有意吞并中国，而用配给制度。

按照当时之统计，唐玄宗开始之年号为开元，唐当时所用之一年边费为二百万贯钱。至开元末年，加了五倍。到了天宝末年，需要一千五百万贯钱，一年之军服需要用布一千零二十万匹。因此说明了唐因开边而多用钱，经济失败了。

第二十一章
唐代政经状况

唐时没有宗族观念。由于汉、胡两族常聚一起,血统观念并不严格。唐代统治者本身便是混血统之家族,如李世民即是混血统,虽没有证据,但照历史传统却可以说明,太宗之父李渊,李渊之母姓独孤,是胡人,太宗之母姓窦,外祖母姓宇文,高宗之母姓长孙,玄宗之母亦姓窦。帝王之妻均为外族人,故可视为胡汉一家。

唐代社会,其边疆用胡人为将军,玄宗时致有安史之乱。

第二十二章　唐玄宗

唐玄宗在位四十三年，开始的年号是开元，二十九年；天宝，十四年。开元为全盛期，天宝时中衰，致有安史之乱。史思明、安禄山均为番胡，因唐用番将，扩大边防，安禄山官至平卢、范阳及河东三节度使，尚兼营州都督，中国东北部大块土地均在他手中，节度使兼管民政、财务与军政。安拥有十八万军队，唐代守边之军不过四十万八千六百人，已占全国边防军三分之一以上，用的都是番将，可说是异族兵团，玄宗很信任他们，但后来却造反了。

安禄山反对唐建有两都，即西京之长安与东京之洛阳，长安为唐时极大都市，米粮不足，故皇族与大臣每年有一段时

第二十二章
唐玄宗

期须迁都洛阳。安禄山先破洛阳,再破长安,玄宗逃往四川,太子肃宗在甘肃起兵平安史之乱,用郭子仪_{汉人}、李光弼_{番将}为将,唐自此遂中衰。安史之乱为唐代由强转弱之转折点,亦可说是中国历史之转折点。此外之明、清诸朝再也无法有开元时期之盛况矣。玄宗由中国历史高峰转而下跌,故玄宗是一位传奇性人物,极富戏剧性,因此他比任何皇帝都出名。

唐明皇与杨贵妃相恋,晚年宠杨,逃到马嵬坡时却下令杀杨,然后逃入四川。杜甫正出生于此时,杜甫经历了唐之全盛期,再下及中衰,再经安史之乱逃到甘肃,后转入四川,晚年到肃宗恢复两京,故杜甫之诗可称为"诗之史",为屈原所不及,因屈原仅只经历楚国而已。一人之生命可反映整个时代,开元之盛,天宝之乱,均有说明。

白乐天_{居易}之《长恨歌》,还有《长生殿》,用以唱出唐代历史之盛衰概况。

历史上之名将,除了关羽、岳飞外,此外要数唐之郭子仪。尚有名臣张巡、许远。叛军攻下两都后,又下淮水,欲攻睢阳城_{商丘,春秋时宋都}。地方官许远说:"我听张巡之命。"叛军无法攻入,便将城团团围住,使城内弹尽粮绝,搞到要食树皮草根。唐元气之得以保留,实赖张巡之死守睢阳。后城破张巡被杀。郭子仪后来平定安史之乱,此后唐代全靠长江流域维持政局。

张巡是读书人,问他对汉何以如此熟识,他说是过目不忘。今日各处均有张巡、许远之双庙来纪念他们的功绩。

五四运动时,四川一位老人提出"礼教吃人"之口号[1],说张巡杀了姨太太充军粮,胡适赞他是"只手打倒孔家店的老英雄"。

但孟子说,杀一人而得天下不为也,不能以杀人作为得天下之目的。后来韩愈出来称赞张巡了不起,并作《张中丞传后叙》一文,其道理是有其历史上的严肃性。

唐之亡并非亡在贵妃身上,实因安禄山之权委实太大,杨贵妃进宫时,天下之大乱早已造成了,故不能责怪贵妃。

---

[1] 编按:1919年11月1日,四川文人吴虞在《新青年》上发表《吃人与礼教》一文,提出"礼教吃人"的论调。

第二十三章 唐代衰落

唐自经安史之乱后,病根遂成,其政况日趋衰落。唐之衰败现象丛生。

一、藩镇割据

节度使掌管人民之财政军事,多在边疆,唐恢复二京后,安史乱将被杀,但其部下降唐并未彻底,仍安排安史旧部担任节度使于原地,即在边疆的军队,后来演变成藩镇。其中最严重的是河北三镇,即成德、卢龙及魏博三镇,均为安史余孽,均是胡人。此三镇各自派任官员,互通婚姻,财政不交给中央,后来再有淄青今山东东部节度使加入,接着又扩大到山西。原任死后，由自己推派，而不由中央派，名曰留后，并且父死子接，成为变相世袭。故唐实际上已不统一，是文治，而非西洋的法治。

中国唐代之政治早就比世界各国高明。唐德宗时，领兵攻打三镇，但未能平定，故仍用姑息政策。

二、宦官专政

至唐宪宗时期削平藩镇，可谓中兴之兆，但宪宗为宦官拥立篡位，因此唐代进入宦官专政时期。宦官（太监）为中国特有，此是污点，但也是中国独有的制度。中国政治是王室与政府分开，不如法国之所谓"朕即国家"，此即中国封建与外国专制有别之处。唐代皇帝为宦官所杀的不止一位，东汉、唐、明三代之宦官最有势力，宋、清之宦官势力最弱。

三、朋党作乱

唐代政治尚有一弊。中国一有党，就容易出毛病：东汉有党锢之狱，唐代有朋党之乱，宋有新旧党争，明则有东林党。今日英美有政党，多有争吵，也不好。

由于以上三个原因，再加上有流寇之乱，因此而唐亡。

第二十四章 唐代异族之乱

一、突厥、回纥作乱

唐代平突厥后,玄宗时武功大盛,遂引起安史之乱,唐明皇逃往四川,肃宗逃到甘肃,此时之外敌是回纥。回纥原是匈奴人。唐为平定安史之乱,乞援于回纥,亦订立要付出财产与美女之条约。唐最早之国耻是开国时向突厥求援。太宗败于突厥后,长安出乱事,抢女子、金银等层出不穷。肃宗子广平王俶在军中亲向回纥太子叶护下拜,说打到洛阳,再如约抢掠。

回纥进入洛阳后,果然到处抢掠,地方人士立刻捐钱送一万匹马，以后唐每年筹款送两万匹绢。后两次请回纥为讨史思明之子。当时代宗为帝，其子为德宗_{当时称雍王}。回纥可汗来，雍王见可汗，可汗说："为何不拜舞？侄儿见叔父应拜。"雍王不拜，可汗生气，责雍王之跟班四人，二人当晚死，雍王吃此亏。回纥再入洛阳大抢，又入大寺庙之塔，烧佛寺，死数千人。事平息后，留长安之回纥有数千人，由唐政府供给伙食。

当时之鸿胪寺即外交部，招待外国人，后给回纥之绢由二万匹加添至十万匹，且要求和市_{通商}。回纥以马换中国之绢，由政府交易，一马可换四十匹绢，马是坏马。代宗说不要换了，在大历八年七月一次购买回纥之马，回纥有一千多辆车换马来。八月，回纥又送来一万匹马，朝廷说，只能再买一千匹。郭子仪不悦，后来买六千匹。

德宗时，回纥已不行了，因他们财产太多，生活腐化，此即民族在都市文明达到最高最盛时往往易于堕落。

回纥后，西藏地区出了吐蕃，亦很可怕。最后有黄巢之乱。

二、黄巢之乱

唐代有三百年天下后，以下为五代十国。

第二十四章
唐代异族之乱

中国能成为广土众民的大国，由于政治合理，但因时间过长，易出毛病，故不易翻动。

中国是慢慢变化的，其忍耐性很大。

唐代之历史可分为三部分：

一为黄河以北之藩镇时期。

二为黄河以南之两京_{即长安、洛阳}时期。

三为江南时期，此为南北朝时期之大南方。

自张巡、许远蔽遮江淮_{睢阳}，江南一切安顿下来，自安史之乱后没有什么变动。此时期真正残破的是两京。由于唐仍建都两京，问题即出于此。

藩镇用壮丁成军，军中再拣选出好的军，名叫"牙军"。由养子带兵，用此军队来统治其他军队，使农村无法造反。一支军队有十几万兵，兵马的装备成为藩镇的力量，正相当于西洋的封建。故这一带不会发生动乱，可系安宁。

唐朝自身的军队均在中央，由太监带兵，故不可靠。江南则有钱而无兵。

关于黄巢之乱，历史上称为流寇，黄巾之乱亦是流寇。中国历史上革命最像样的要推刘邦。项羽非流寇，他是六国之后，刘邦则是平民，当时贵族已临回光返照，没有希望了。

今日之日本人，仍看重中国人，因地大人众，且又宽大待人。日本人现分为两派，一派是共产党，一派是信仰东方文化，跟从英美文化的则已大败。

唐代之流寇从曹县起，此地离两京很远，其打法是避中央之锋，使军队不受损失，反可增添人马。太平天国军之失败在于攻打北京，其毛病在攻城，而不要地方，故失败。

黄巢攻破洛阳后，再进入长安，大臣排队迎接。读书人在天下大乱时就没有用。天下大乱由于读书人做官的贪污腐化。从王仙芝作乱五年，再有黄巢之乱七年，再到秦宗权乱了五年，前后大乱十六年，南方乱遍，北方未有乱事。但唐代由此而亡。

唐由统一政府而变成五代十国，中有流寇作乱。

第二十五章 五代十国

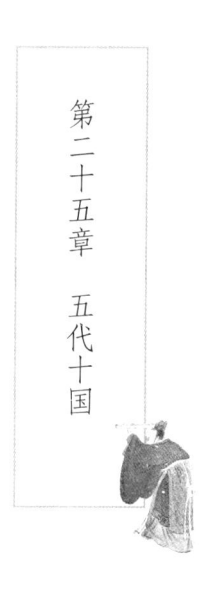

一、五代

唐代内部由于中央有朋党之乱与宦官弄权,接着有藩镇之乱,又有西边之外寇及东边之流寇作乱,故使唐代崩溃。

五代是梁、唐、晋、汉、周,这些朝代都很衰败可怜。五代共有八姓十三君王,共经历五十四年,计为:

后梁:二王,十六年;

后唐:四王,十三年;

后晋:二王,十一年;

后汉:二王,四年;

后周：三王，十年。

以上五代原是唐时藩镇的变相，是军权的统治。由养子带领亲兵，寄子做王，但姓不同，故有八姓。

八姓中，后梁开国王即是黄巢之流寇朱全忠，投降唐朝后，赐名全忠。

其中尚有二王是胡人。

后唐之开国王是李克用，李姓为唐所赐。

后晋第一任王是石敬瑭，亦胡人。

后汉第一任王是刘知远。

后周第一任王是郭威，募兵出身。

五代是中国历史上最黑暗的时期。中国历史的传统是一条线的，即所谓"一线头"。外国人没有传统，外国的文字亦不同。中国历史是有传统精神的，要有政治及领袖代表传统。今日之英王亦是有传统，但不过九百年而已。中国的历史传统渊源漫长，有唐虞夏商周秦汉一直至三国，三国时有三君王，须要找出一正统，故大家争这正统。

晋朝司马炎说，他是接自曹魏，故晋主张魏是正统。也有人主张刘备的蜀汉是正统。

这是历史的传统。

晋以后是南北朝，中国人之意是南朝为正统，北朝不

第二十五章
五代十国

算,又到隋朝为正统,唐完后是宋,但唐宋之间有一段更乱的时期,同时候有许多国产生,五代不过是较大之国,故一定要找出一个正统,唐后有乱,宋接自后周。故五代成正统。

二、十国

至于十国,只能说割据。国是私的,正统是公的,是天下。梁、唐、晋、汉、周称天下,称朝代,不称国。故中国实在有国家与天下之观念。西洋的传统是耶稣。中国是"治"的,如丝之有条理;西洋是"乱"的,没有条理。日本学中国传统,学得最似模似样,固有"天皇万世一统"之说。

"代"是代表,是代替,即一代替一代,大家都朝向他,故叫"朝代"。故俗称"唐朝"不通,应称"唐代"。一个皇帝叫一朝,一个家族叫一代,文武成康叫四朝,自父到子叫两朝,非两代,这是白话文的毛病。

五代之外有十国,十国是割据,非偏安。

吴始都扬州,后迁南京,据今之江南、淮南,有四皇,共历时四十七年,较五代好,但接不上唐。

南唐,自称唐,亦姓李,但因在南方,有三皇,三十九年,以南京为都,李后主为大词人。

前蜀及后蜀,在四川,前蜀共二王,历时三十五年;后蜀亦二王，共四十一年。

南汉，王姓刘，都广州，五王，共六十七年。

楚在长江，共六王，历时五十七年。

吴越，地兼江浙两省，王姓钱，都杭州，五王，历时八十四年，为最太平。

闽，都福州，七王，历时五十五年。

荆南，都湖北江陵，五王，五十七年。

北汉，即刘知远的"汉"，被篡位后退回北方的山西，四王，历时二十八年。

上述十国中，只有北汉在北方。五代均在北方。当时天下是南方像样，年代长，人寿亦较长，北方的五代差，不过是正统。

做两年的省长不如做三十年的所长。

日、德是暴，一下子败亡了。中国则有几千年了，国家仍有前途，不可作苟安想。

三国时，曹魏像样，人才众多。

南北朝时，南朝比北朝好。

朝代短而多，打仗必多，人民生活即不安。

总之，十国优于五代。

尚有一问题，即五代十国建都，没有一国建都长安的 长安

第二十五章
五代十国

是自古以来的天府之国[1]，因当时长安残破。此后的长安，在历史上不占重要地位了，即长安的比重从唐代以后下降了。但此是重要地区，应重新去收拾一番才好。

尚有一重要的地方，即燕云幽蓟十六州，分为山前八州，山后八州。在中国东北方有幽、蓟、涿、檀、新、妫、儒、武、蔚、云、寰、朔等十六州[2]。五代时，晋高祖石敬瑭割此幽云十六州赂契丹。

民国二三十年代，十六州地跨河北、察哈尔、山西三省。石敬瑭之所以贿赂契丹，乃由于他攻打后唐时需要更强兵力，故向契丹讨救兵，并承认为契丹之子。送契丹的十六州，宋时尚未取回，仍在辽国人手中，后又为金所夺去，接着又入元之手，至元顺帝，有四百二十四年之久，直至中国统一，才回归中国。

唐之河北三镇即十六州，受异族统治四百二十四年之久，直至明初建都北京才再收回而统一。

故此河北三镇十六州未接受本国文化之涵煦，已历时

---

1 编按："天府之国"最早出现在秦代，指包括长安在内的关中地区。明清后多专指四川。

2 编按：十六州分别为：幽、蓟、瀛、莫、涿、檀、顺、新、妫、儒、武、云、应、寰、朔、蔚。幽、蓟、瀛、莫、涿、檀、寰、顺为山前八州，新、妫、儒、武、云、应、朔、蔚为山后八州。

六百年,这是中国在历史上之大问题。

总计,五代十国时有四大问题:

一是北方黄河流域之衰败。

二是长江、珠江流域之像样。

三是西北长安之没落。

四是东北方即十六州在异族统治下,大敌易于侵入。

故中国抗日战争胜利后,实应建都西安或北京。

中国人应知道自己的地理,自己的历史,要天下一家,不可有分的观念才对。

第六篇 /

第二十六章 宋代对外关系

第二十七章 宋　代

第二十八章 宋代之文艺复兴

第二十九章 宋太祖与仁宗

第三十章　王安石变法

第三十一章 女真族金国兴起

第三十二章 金灭北宋

第三十三章 南宋与金之交往

第二十六章 宋代对外关系

中国汉、唐、宋、明四代，每一代统一时即富强，但宋统一时贫弱，因并非真统一。五代很黑暗。五代末年，后周周世宗是能干之君，姓柴，非郭威之子，只是养子，当时赵匡胤、赵光义均在他手下，为宋打好了基础。

北方有北汉、契丹，南方是长江流域，建都开封的宋夹在中间。最大问题是先打北方还是南方。北是强敌，先打强呢，抑先打较易的南方？结果打平南方诸国时，宋太祖已死，而南方之吴越尚未打下，其弟继位因儿子年幼，即为宋太宗。

吴越降后，再打下北汉，只剩下契丹了，宋太宗两次亲

第二十六章

宋代对外关系

征均失败。第二次作战在高梁河,此地即北京西直门之万寿山区域,仍是失败。当时有杨四郎、杨六郎在山西,据说宋太宗被契丹击中剑伤而死。正史未讲此事。

幽蓟十六州一直在契丹之手。契丹始为鲜卑宇文下之一支,耕牧并营。

中国北方的敌人可分几种,游牧的如蒙古、匈奴、突厥,在大草原及沙漠两面,来得可怕,可一击而破。另一种是耕牧并营,较有坚韧性,流动与坚韧配合。要强国一定要有农民、土著。

中国土地看似散漫,但一城即一大堡垒,攻城不易。金融在城中,物资在农村,两者并存,城可武装。农业社会区小即弱,区大即强。新疆是一区一区的水草地,有数十区之多,不能统一掌管,故班超带了三十六人,即征服西域。

可怕的是辽河、热河东北省区,是大耕地,天气冷,文化低,故同时为牧地,是坚韧的农民、剽悍的牧人互相配合,故契丹难以对付。

第一,契丹兼有城圈和邑 小城,都即省邑,邑即土圈墙,是农业社会的武装。

第二,契丹人中有逃亡的中原人,契丹中特别有一汉城可耕田。契丹建国是胡汉同居,早就汉化。尚有渤海国,即东三省吉林一带，有一百零三城，即是文化相当高的城邑之邦。

契丹共有五京，十五府，六十二州，是汉化已很深的国家，有二三百年历史，完全汉化了，今日仍有注意及研究其历史的，很重视，但材料很少。

契丹吞并渤海是在五代开始时，到石敬瑭奉送十六州，地区极大，加上经济、武力配合，故契丹这异邦已很像样。中国在二十六年中已更换了三朝，均建都于开封，南方仍不统一，而石敬瑭每年仍送契丹银三十万两，帛三十万匹，故契丹较匈奴、突厥、蒙古为强。宋太祖开国时，辽（契丹）已有五京，是胡化兼汉化。大辽之五京为：

（一）上京热河。

（二）中京热河。

（三）东京辽阳。

（四）南京北京。

（五）西京大同。

第二十七章 宋 代

宋太祖在位十六年，宋太宗二十二年。

当时宋辽对峙，有西夏兴起。太宗时有三国，即宋、辽与夏。太宗子真宗时，契丹打到南方，宋与契丹两军已到黄河边，两军在南北两岸均各占有澶渊城。中国天然国防线是居庸关与山海关，山西有两条国防线，大同在二线之间。

宋都汴京即开封，无屏障，四面敞开。长安在三山之间，向东出路是潼关，地势高于洛阳，形势亦好。

黄河的水可以倒灌开封，洛阳不如长安，洛阳只能以德治，但不能作要塞，开封更不行。但五代除后唐外，有四代建都开封，故宋亦建都开封。

唐代时<u>当时欧洲为中古黑暗时期</u>，扬州为全世界最大之都市，有云："腰缠十万贯，骑鹤下扬州。"扬州为当时交通枢纽之重要中心。汴渠亦是当时世界上最伟大之工程。运河两旁栽垂柳，堤称隋堤。

宋太祖早死，太宗平北汉，但未平契丹，仍不能迁往洛阳。北京建都比南京好，因其北已平北汉，西有太行山与居庸关，南面是海，但要自南京去北京很远。

八国联军时，大沽不准有炮台，北宁铁路是国际线，故无国防线，外国军队可直达北京，北京东交民巷可有英法军，这极不合理，欺人太甚。所以西方之所谓文明文化，上帝、公道、法律、科学……不能使人佩服。列宁发明"打倒帝国主义"，人人响应，但有时只是喊口号，实际上不易做到。

开封并无形势，宋朝准备攻打辽，故不能建都开封，宋是为养兵，经济条件不得已。此为大错。

宋代大人物寇准说，不可逃避，主张御驾亲征，到澶渊渡黄河北，后双方讲和，叫澶渊之盟，自此不再打仗。宋为兄，辽为弟，辽之萧太后算是真宗之教母大人<u>真宗无母</u>。双方平等，此亲远不如汉之与匈奴，宋当时亦不如汉之嫁女，时辽区早有汉人。宋年送辽十万两银，二十万匹绢，双方和好历一百二十年。宋无力攻打辽，为防辽计，在黄河之北挖沟

第二十七章
宋　代

种田栽树，以阻对方之马队，名义上是种田，但辽不许，等秋收时节，大掠一番，烧屋抢粮，不让农村人口繁荣集中，称"打草谷"。

宋辽两国在一百二十年中，一直是处于冷战状态，后来又出了西夏。宋真宗_{信道教}以后是宋仁宗，是位好皇帝，在位四十一年之久。

仁宗登位时，宋已六十三年了。当时西夏崛起，因此，宋有两个敌对异族，都是难对付的，于是宋与西夏和，年给白银十万两，绢十五万匹。后来辽不满，又增给十万两银，十万匹绢。

宋那时候没有人才，因人才均出在黄河流域，当时长江流域无文化。唐以前之大人物均出于北方，当时长江流域经济虽好，但文化条件则甚差。汉高祖时有张良、韩信，光武时用的不少是他大学的同学，都是读书的知识分子。青年人年轻，能力差，所以必须多读书，前途才远大，不读书则没有出息矣。

唐太宗时，用的也都是读书人，唐末就差了。

宋太祖时，手下只有一位读书人，即宰相赵普。人说："半部《论语》治天下，半部《论语》平天下。"宋代可说没有什么读书人。太祖奖励读书，但短期内无法造就人才，要到仁宗一百年后才有人才，所谓"十年树木，百年树人"。故任何朝代出的人才均极少，只一两位而已，如梅兰芳只有一位。

宋代后来出了一位大人物范仲淹，他助仁宗变法，年号庆历，故名"庆历变法"。当时大家反对，仁宗主张不变，仲淹退休后，仁宗子英宗即位四年而死。英宗后是神宗，王安石助其变革，历史称为第二次熙宁变法。当时仍有人反对。

宋自仁宗以后，人才大盛，文学、艺术、思想、哲学大为兴旺，但军权与国家统一方面则不理想，军事方面远远落后于汉唐。

王安石新党主变，司马光是旧党，反对变，遂成党争。

哲宗在位十五年后，为徽宗，他能诗善书画，其画堪称国宝，但其为人则甚糊涂，实非一政治家，他在位二十五年，当时国内紊乱，国外亦生问题。辽以后又出金国，金灭辽后，又攻打宋，徽宗传位钦宗，父子为金所虏，称为靖康之变，即二帝蒙尘。宋共历一百六十八年而亡，但只亡了一半，尚有泥马渡康王，有南宋兴起。

有时历史只能讲时代的局部与形势，有时只能讲人物，人物改造形势，形势限制人物。

讲到人物的历史是光明的，讲到形势局面的历史是黑

第二十七章
宋　代

暗的。今天是黑暗的，因今天的世界没有人物。今日的英、美、俄诸国都没有出什么大人物。

从历史上看，有没有出人物，即谈历史要有眼光与识见，否则不懂历史，不识评论。

历史不在乎是否时代有乱，是否打仗也没有关系。战国时各种人才极多，是有意义的时代。三国与唐代初年人才亦多，到安史之乱后，只讲局面而没有人物可讲了。局面是死的，人物是活的。

宋代自范仲淹以后没有人才出来，但时代更乱了，人物之造成是由于风气或学术。人物是指能跑上历史舞台的人，如香港在此种社会风气之下，绝不会有人物出来。香港在中国历史上是没有份的，不然，跳舞看电影，我们都变历史人物了。香港是个炉，一入即毁，虽然香港山明水秀，一百年来无战事，全球来往，宛如代都，但风气不好。

北京可出人才，民国以来，中国出的人才，均与北京有关。这是风气所趋。上海的圣约翰、交通大学不过是能讲英语、能赚钱而已，无法与北京比。

自唐以下至五代，风气极坏。读历史只懂人物，但不易懂局面形势，能懂局面后面的风气更不易。能明白香港生活，但不易了解其风气。至于懂学术，则是难中之难矣。

人物自学问中间来，故不易懂人物。

我们不知汉武帝之高矮肥瘦，但可知其脾气、理想、性格……在座之同学不会知道我是如何之人，何况历史上的人物？没有读过王安石和范仲淹的作品，如何会认识他们呢？如何可提出打倒历史呢？真是无聊。

宋代，"天地闭，贤人隐"。宋太祖倡学术转移风气。当时有个人叫戚同文_{五代末时人}，希望黑暗时代过去，世界恢复为读书人来统治。当时有位小军人姓赵，捐钱在睢阳造讲堂、书室、宿舍，名为睢阳书院，请戚同文教书。

书院有一种精神。书院者，藏书楼也。书院开始是私家藏书，用来招宾接客，客走了，再来第二位，这种书院影响不大，于是有赵出来办书院。新亚书院即希望将来有大图书馆，每个人均可自由阅读，一百年前，英、法亦有如此风气。

睢阳在徐州与开封之间，戚同文在宋太祖之前，到范仲淹时已过六十年，书院仍在。范之祖为唐代宰相，父穷困早死，母改嫁朱姓，范仲淹为拖油瓶。范在僧寺刻苦攻读，断齑画粥，终成为宋代第一人，死后称范文正公。

第二十八章 宋代之文艺复兴

宋与唐比，唐强宋弱，若拿人物与文化比，则宋在唐之上。唐虽伟大，但末年局面不可收拾。无宋代即无此后一千年之历史，这要由社会转变讲起。

唐后是门第社会，与贵族封建不同。宋有统一政府，而无世袭贵族。唐之宰相可有世系，一个家族可出十多位宰相。此乃表示门第社会，今日已没有了。

南北朝至隋唐有佛教传入，出家是最高第一等人，簪缨是仕宦之家，此非人生真理，但做官不算高，不出家即做居士，皇帝入佛教，封为国师。唐僧即自大门第出家，很伟大。唐僧取经回国，太宗亲迎。社会上和尚称师。社会上之先生，一种是教小孩子，一种是大人在家受学，平民无资格入学，读了书可以做官，做大了官，再跟和尚研究佛法_{或做居士}。

送儿子出家尚须出大部分家产，故和尚寺很像样。西方中古时期以主教最阔绰，唐代时最阔是宗教与门第，唐末已无门第了。

后来，黄河北岸藩镇区无人读书。

长江以南少读书人，只是为了经济。

大门第多在黄河以南、长江以北之区。到五代时已无大门第，也无正式读书人，剩下和尚寺为学习的环境。当时政治日坏一日，社会经济亦日差一日。

唐代韩愈作《原道》《师说》诸文，认为读了孔子之书应该作师，说："师者，所以传道授业解惑也。"即可以做三种先生：

"解惑"即启蒙先生，学生是童蒙。

"授业"即有职业，如医科、法科、文科……西洋有医生、律师的训练。

更重要的是"传道"，是最高的。[1]

---

[1] 叶按：钱先生还是劝人信耶稣，不然，可做牧师，要讲道理。总之，以上三种先生都不做，总不能光吃饭不干活，那么信基督教做牧师也好。

第二十八章
宋代之文艺复兴

韩愈说，孔子亦是道，是修身齐家治国平天下之道。又如柳宗元，当时已有人请他做先生，柳说："我不作师，蜀犬吠日，但很少有太阳。只有佛教有道。"

五代时，和尚看世界有变，劝人读韩愈的书。因修齐治平之后，平了天下，和尚才有办法。

牡丹虽好，尚需绿叶扶持，故和尚寺要好，先要使国家有办法。

今日是耶稣与马克思在争一日之短长，孔子与释迦是差了，因国家没有办法。

五代时和尚不但写作经典，而且也作散文、古文了，也提倡韩愈了，因而宋代出了读书人。

范仲淹是在寺院读书。范仲淹为秀才时以天下为己任，所以他说："先天下之忧而忧，后天下之乐而乐。"秀才便是有资格考大学之学生。

今日之人，"忧者一身，乐者一身"。范读好书，去睢阳书院教书，后来做到副宰相。他有二子，仍入寺院读书，二子共穿一件衣袍，哥出弟在家。范仲淹在江苏买了田，每年派子回家收租。有一次，儿子收了租回家，说那里荒年。父责骂道："粮租何不济贫民？"子答："已济贫民矣。"范仲淹从此设立义庄，穷苦的均可受供养。此制度一直传下来。[1]

义庄是宋代范仲淹、钱二人开始，称"范朱遗风"。[2] 中国如今日 新文化运动之后 仍有此制度，便不至于如此。

与范同时的尚有苏北人胡瑗，亦在寺院读书，去泰山栖真观[3] 道士所居 读书。当时带信与物件很难，因交通不便，山路又远，信面写"平安"二字，以免人未看封内之书而紧张，所谓"烽火连三月，家书抵万金"。胡瑗见封面"平安"两字，便投信入山涧中不拆看了，后来称为"投书涧"。

胡瑗在栖真观十年，范仲淹在苏州做官，请胡到苏州教书。胡在苏州教书达二十年。后来朝廷知道，请他办国立大学。由此，全中国都办了学校，分为国学、州学、县学及私立书院。先是公立的称学，私立的称书院，后来均称为书院。

胡瑗是书院的大师，是一千年前的教育家。由此可知书

---

1 叶按：钱先生家乡无锡，当年仍有延续。穷民受惠无穷。此义庄要派人管理，钱宾四先生读书时曾拿过庄米。

2 编按：据《钱氏宗谱》记载，吴越王钱镠六世孙钱进在北宋年间迁于无锡，至十八世孙钱正德建七房桥，最初为七房桥村族人聚会的地方，后改为义庄，即怀海义庄。钱穆、钱伟长均受过义庄资助。

3 叶按：有一年，钱宾四先生去栖真观，因有冯玉祥在观内，故没有进去观看。

第二十八章

宋代之文艺复兴

院是由僧寺而来，故每年每一书院必供养一或两位大师，如濂溪书院即为纪念周濂溪。今日中国人不争气，不知道办学院。日本人为纪念王阳明，在台湾草山办阳明学会，建房叫阳明山庄，作为讲学、游憩之所。台湾报纸竟说王阳明来过台湾。世界总要讲个道理，不信耶稣便信马克思。实是希望人信孔子，但孔子穷，办书院是自由的、自动的、自主的，宋、元、明三代均盛，至清衰落。广东有广雅书院，后变为广东省立一中。不要旧的，实在是糊涂。

如马来[1]的遗迹已毁灭了，只有土地，没有历史。这就是唯物史观，只知有甘蔗、米……

香港的宋王台、车公庙，都是中古大历史，历史应与教育配合，各地应设书院，如博物馆、图书馆应与古代历史遗物配合。书院内有学田、祠堂、藏书，有无师生，则不在乎，大学毕业只是反面价值，消极而已。

范仲淹开创好的政治风气，负责任，有人格。

胡瑗创办新的学术，分经义斋与治事斋，其内包含文、史、哲、法、政、经各科，因此有新的人物产生。因而宋仁

---

1 编按：应指马来西亚。

宗、英宗、神宗三代后有人才起来。起初只是社会安定，而非觉醒，仁宗以后，士大夫开始自觉。

第二十九章 宋太祖与仁宗

唐代士子学诗赋，为了考试要用。做官是一种经验，要有高的理想主义。唐人的观念只是建功立业而已，最高的人生理想是出家，似不及宋代士大夫之有自觉心。

东辽西夏，中国每年要送白锦丝帛无数，实在不是好办法，但对外必先安内，故先要对内变法图强，然后对外雪耻。因此先得有变法。

宋代开国六十年，先讨论其弊端，是什么法，应先知道才好。

宋代之法接自唐及五代，就是骄兵悍卒。由于唐之藩镇拥兵割据而起，起初藩镇反抗政府，后来握大权，自举节度使。

宋太祖得天下是黄袍加身，称为陈桥驿兵变，这是坏的历史，宋太祖以前，黄袍加身已有两次[1]。

宋太祖在汴京，不能迁洛阳的原因是要养军队。五代之军队能战是柴荣之功，宋之能统一南北，也是由于有此基础。但这军队亦非理想。军队除吃饷外，还须随时有赏赐，如有郊赉，每逢祭天时，全军要赏赐，不祭就会兵变，目的是要额外的钱。

中央派军队镇边，是轮流调派兵丁，将不动，使将不识兵，兵不识将，不使割据，但不能战。军队是每年动员，等于年年打仗，要开拔费，如买草鞋等。故宋代奖励文风，因军队太坏，便有"好男不当兵，好铁不打钉"之谚语，使社会可维持和平无事。

宋代皇帝还规定，决不杀读书人，士人犯法不杀，也是为了奖励文风。

宋太祖尚有杯酒释兵权。当时节度使很多。一日帝请诸使饮。太祖说："不知明日何人作皇，曾有黄袍加身之例

---

[1] 编按：钱先生在《中国历代政治得失》中提及宋太祖是第四个黄袍加身做皇帝的。一般认为历史上黄袍加身发生两次，一为宋太祖，另一为五代后汉时，郭威黄袍加身，后周建立。

第二十九章
宋太祖与仁宗

在。"如此公开地说，众节度使说不想如此做，太祖劝众使信任中央，有优厚的子孙俸禄，可永远富贵。大家赞成。除去兵权，政府供给大屋，发放最高薪俸，每年照常赠送，不必做事管军队，外边的将无所谓，兵是轮番的。节度使如此厚待，故文官亦同时加薪俸。三年期满，政府给官的儿子上报，有机会让其做事；再过三年可再报一个。兵则三年一祭一赉。因此人心仍愿读书，为了做官及子孙有出路，此乃中央政府之苦心。如范仲淹、胡瑗乃内心自发，非勉强。读书有了成果，宋已历时六十至八十年。此时中国已极穷极弱，而宋之军队已由十余万而增至百余万，但素质却极坏，读书人亦糊涂。

宋仁宗登位时，请了正宰相韩琦，副相为范仲淹。某日，仁宗上朝，说："国家如此，应如何改革？"众大臣不肯讲，用纸笔写，其中两人回说"回去再考虑"。范仲淹提出"十事疏"以改革政事。仁宗便照范所提十条文改革，谓之"庆历变法"。范之"十事疏"如下：

（一）明黜陟；

（二）抑侥幸；

（三）精贡举；

（四）择官长；

（五）均公田；

（六）厚农桑；

（七）修武备；

（八）减徭役；

（九）覃恩信；

（十）重命令。

以上可谓是名臣奏议。

第三十章 王安石变法

至于王安石荆公之新法,则包括青苗法、均输法、市易法、方田法、免役法、保甲法及保马法等。

中国古时有乡村自治,汉代即有,长官称"三老",地方如有重要事情便咨询三老,三老可贡献意见,且可见皇帝。

三老之下有两种官员:一是啬夫,助政府收取钱粮;另一是游徼,助政府治安。

三老管教化,代表民意,汉时已有此制,后来至隋唐时失去此法。在晚唐时则到处有打仗,但该地区须供应军队之食宿诸项,今日亦是同样情形。而在唐末至宋时,不是由地方自治,而是在地方上举一有钱人当差,在衙前办事,一当三年，便可破产，实很妨害社会。衙前之下有里正帮助收租，如收不足则由自己赔足填数。

尚有地方耆长，是专治盗贼之人员，这些均由乡间人民产生，是从汉代的乡村自治变来。

乡官来管，是地方自治。

讲说中国古代制度的有两本书：一本是唐代杜佑的《通典》，一本是宋代马端临的《文献通考》。

马端临称衙前、里正、耆长为"役"_{即当差}。他又说汉代的三老、啬夫、游徼，是官，是自治，与役不同。故役与官不同。有人将汉之官当成职役，也是根据《文献通考》，这是抄错了书。

王荆公就不要民间当差，称免役，叫民间出免役钱，由政府自己办事，使官民两利。

一、保甲法

汉代已全国皆兵。西洋之全国皆兵，自普鲁士开始，未足二百年，而中国早有此制了。但中国人口太多，不必全国皆兵，故唐代改为府兵制，只从部分地区挑选出精壮的才当兵。全国设若干府，谓之兵府，府兵是国民的义务兵，是荣誉的。

第三十章
王安石变法

至宋代成为募兵，即成为雇佣的职业兵，这种兵的缺点是国家要出养兵费。这种兵不认为荣誉，故不能打仗。

宋有大敌辽当前，义务兵有兵役年龄，过了时间就不用，故一直是精兵；但职业兵不然，老了仍在军中当兵，成了老弱残兵。王荆公想改，故定为保甲制，乡村中十家为一保，每家报出壮丁，二丁出一，四丁出二，编成队伍，每年冬季训练打仗，练后回家，国家要用时就召集。"保"即保护，"甲"是武装。

二、保马法

当时打仗非马不可，马有战马，要有种，宋代无法之原因：

（一）出马地不在宋国境内，而在西夏、在辽。马必出于冷的高地，低湿之地不出马，马要用栈，用小木片搭成，免马脚受潮气，且要有跑马场，养一匹马之经费可养二十五人，可见其费用之昂。牛油与炮弹，其价孰轻孰重，不问可知矣。

（二）买了马后，因地盘小，黄河以南无养马地，王荆公将马分配到农村，要用时再集合。但保马法可说是最坏之法，因农兵领得了马，不懂养马，食住不好，还要马工作，因此老了，瘦了，死了要赔，且不死之马已无用矣！

故此乃两害之策，书生不懂，其用心是好的。

这些政策均好，但当时反对者却很多。

欧阳修是王安石前辈，有一天他对王说："你可做韩文公。"王答说："我想做孟子。"王推出的新政，欧阳修都反对，我想欧阳修说他可做韩愈，主要是说他文章写得好，但搞政治变革则不妥当。[1]与王安石同时的是司马光<u>山西人</u>，与王齐名。司马光亦反对王安石变法，他在洛阳编《资治通鉴》，用了十九年才完成，十分伟大。仁宗不能留他。一日，苏轼去看司马光，开门老头说："相公没有。"原来是司马君实不在家，后来司马光对苏说："我这老佣人几十年来给你一句话教坏了。"本来老佣人只知他叫君实，不知相公。可见司马光之伟大，今日落野部长仍自夸大。司马光的人格是从中国文化中陶冶出来的。司马光童年时有破石缸出水的故事，可见他有智有勇。

梁任公把王安石看得太高，把司马光压低了，造成后辈要打倒孔家店，实无民主风度。

---

[1] 叶按：钱宾四先生曾说，他对唐宋八大家，最喜欢的是王安石。

第三十章

王安石变法

程颢先帮王安石，做八特派员之一，后来亦反对王安石了。至少当时之君子均反对王之新法。梁任公认为法是好的，君子不来帮忙，却用小人而失败。其实不能如此说。何以欧阳修、司马光、程颢他们都不帮王安石？我们应平心静气地说，不可一笔抹杀。其理由是："徒法不能以自行。"必须有行法的人，这是人治，即法治也要人去推行。

当时推行青苗法的人，光借钱给富人，不借给穷人，王安石并不知道。

中国的传统政治思想是：

（一）反对与民争利。

（二）社会上圣人、恶人少，多的是中间人，故由政府放债收利易生流弊，当时光靠听君子是不够的。欧阳修、司马光、程颢等不主张由政府来经营这事，因易生流弊也。

王安石变法之根本毛病是易有流弊，因为这是与民争利。王安石只在法上想，而欧阳修、司马光等人连推行的人也想进去了。总之，政府不应权太大。

按照传统的政治思想说，王安石这种做法是越职，不应去经商与民争利也。

第三十一章 女真族 金国兴起

历史的性格不同，故可浅讲深讲。如人然，有喜活动，或喜稳重，国家或民族亦有此性格。

"其兴也勃焉，其亡也忽焉！"人和国家均有如此情形。项羽即可用此两句话来讲，他二十四岁兴起，三十岁结束。西方之亚历山大、拿破仑、希特勒均如此。但不是每个人都如此。刘邦之兴起无此省力，因性格八字命运不同故。中国则慢慢兴，但也亡不掉，老命一条。

北宋二百年，南宋一百多年，有金国起。金为小民族，称靺鞨，在长白山与混同江之间，很早就有。北魏时分七部落，唐时有二：一曰黑水靺鞨，在黑龙江边；一曰粟末靺

第三十一章
女真族金国兴起

鞨，在松花江边。

粟末靺鞨建渤海国，后为辽灭。黑水靺鞨至辽时，叫女真，分生女真与熟女真。金即生女真，过去建过国，后为辽灭，属于辽契丹，到明时称满珠人满洲人，造成清朝，当时不从辽，成金国。此民族造成三个国，即渤海国、金国及清代。故东三省不能都称为满洲。

金国之兴起也是突然起来，当初壮丁不满一万人，辽天祚帝荒淫无道，常去该处打猎，捕海东青鹰，途经生女真时，虐待生女真的人，因而遭到反抗。宋徽宗政和四年十月，联金胜辽，十一月又联金胜辽。翌年生女真人自称帝，为金国，故其兴也骤。当时辽国之版图，与宋同样大，腐化了，怕金国，辽欲与金和，金不允。辽主率兵亲征，途中内乱而返。金在背后追上，又打胜了辽。此时金军有两万，有附近部队归附。自政和四年至十三年，历九年半，金灭辽五个京城而辽亡。

金此时拥有吉、辽、热、冀、察、晋六省之地不完全，前后只用了十一年时间，非中国的历史性格表现。

世上似中国之民族国家性格的只有一个。俄是暴发户，只有中国迈步而稳全，其中有大道理。后来辽国向西逃走，成西辽帝国，到了西方，仍是一百年之久的国家，还可欺侮洋人。

中国人道德高于西人，智慧亦不差，但忍耐。后来禁止华工（黑奴可卖），一个人从轮船偷偷上美国，无依无靠，然后成家立业。西人并没有如此能力，故中国人仍有办法，只是浮在上层的没有办法。

今日在美之华侨，仍是依照中国道德文化做人。苏俄人始终在蒙古人统治之下，直到明代。辽国经历九主，二百一十九年而亡，也是其亡也速，但建西辽国，仍有八十多年，曾带了中土人去帮忙。

金国兴起，与中国接界，起初是中国联合金灭辽，条件是打到燕京（北京），女子、玉帛归金，地方归中国。北京自辽、金、元、明、清均为国都，中华民国不在此建都，改称北平。

当时金败辽，辽败宋，金为初生之虎，其势不可挡。与宋闹翻而战，金分两路攻打宋国，一支入河北，一支入山西，分两路攻宋。山西有一雁门关，过太原后，尚有险可守，进山海关、居庸关者可直入开封，遂攻入宋，徽宗引咎退位，子钦宗继位。

但金渡黄河无船，在黄河边用小船渡河，先来的骑兵（步兵在后），每船所载有限，渡了五天完了，步兵仍未到。本来是宋灭金之最好机会，但金军如入无人之境，宋一直采取不

第三十一章
女真族金国兴起

抵抗主义，真是国之将亡，其崩也速。于是金包围开封。宋讲和，宋要送金五百万两、银五千万两，丝绸百万匹及牛马万头。金为伯父，宋为侄儿，并割中山、太原、河间三府与金，以一相一亲王作抵押。

当时金军在开封有六万之众，此时宋之勤王之师由各处去开封有二十多万。金未拿足金银，正月渡河，二月回去，当时宋要私家捐款，连唱戏的、做妓女的亦要捐。

后来宋不服，反悔不给三镇，金军又再回来。外国人吞中国实在不可能，由于中国自信及政治搞得好。由于此时宋之勤王军已回，又与金讲和，由钦宗亲去金京讲和，条件更厉害。讲后送钦宗回宋，当时有太学生、士人迎接，钦宗哭了，说："蔡京宰相害我。"

金人怕宋不守约，第二年再叫钦宗去金，且不放其回国。皇族中人就到吉林省去。有《三朝北盟会编》这部史书，很伟大，汇集有徽宗、钦宗两个帝王的日记，是两位宋皇在北方金国受侮辱的记载，写得很详细。但中国今日国未亡，历史已先亡，这是国耻史。

---

1 编按：南宋徐梦莘撰。二百五十卷，光宗绍熙五年（1194年）编成。起自政和七年（1117年），止于绍兴三十二年（1162年）。引用官私著述二百余种，专叙宋金交涉史事。

第三十二章 金灭北宋

辽为金所灭后，金遂日趋威逼宋。宣和七年，金分两路侵宋。徽宗让位给钦宗，前已有述。

钦宗靖康元年正月，金人渡黄河，围京师。议和条件，前章已说明。二月，金退兵离京师。由于宋悔约不给中山、太原、河间三镇，于是金再渡河围京师，并要钦宗再议和，索银两绢匹更多。二年正月，金人再邀钦宗去金谈判，又由宋付给更多币帛。三月，金人立张邦昌为帝。四月，劫二帝及后妃、太子、宗戚三千人北去金国，北宋遂亡。

金灭辽后再灭宋，前后不足两年，从金兴起扰宋开始，多次需索钱币绢帛，最后至灭宋，亦不过共计十四年而已。

第三十三章 南宋与金之交往

金灭北宋后，自己统管黄河以北，而黄河以南之地，金不欲赵姓为帝统治，故立张邦昌为帝。

高宗到南京[1]立国，是为南宋。金不让赵姓主宋，张邦昌以后，仍欲立刘豫为帝，以为金、宋之缓冲，但金一面仍与南宋进行议和，因此建炎二年九月立刘豫为齐帝后，而于十月将秦桧放归南宋。桧因靖康二年反对金人议立张邦昌被执。时南宋高宗亦畏金，亦意欲议和。其合约内容如下：

（一）许宋称臣。

---

1 编按：今河南商丘。

（二）将河南、陕西之地给予宋。

（三）送还高宗生母韦太后及已故宗亲梓宫。

秦桧并说：不和则韦太后不送还宋，金且会拥立钦宗。当时宋臣均反对议和，只有秦桧愿主和，遂再为相。南臣反和之气氛为秦桧所压抑。

至绍兴九年，金兀术毁和约，捉执宋使节，分兵南侵，再侵入河南、陕西之州郡。宋亦出兵。宋军在此多次战役中，获多次胜利，于是使金国主战派屈服，重新议和。其条约内容如下：

（一）宋臣服于金国。

（二）宋年输银二十五万两、绢二十五万匹。

（三）宋割唐、邓二州及陕西余地。

其实当时宋并非不能抗金，此时，宋国战将比前强大，且金国在北方以骑兵胜，但宋处今之江淮流域，地形于宋有利，宋之心理气势已比前为盛大，且地方之财力亦富于从前，此时宋能上下齐心抗金，金则未必能渡长江来战。

宋高宗先前不愿冒险，岳飞亦见杀，元气已大伤，金人得此和议，一面整理北方，一面在中原屯兵耕种，并迁都燕京，休养生息达二十年之久，因此金人又破约南侵南宋。高宗不愿再出丑认败，于是让位孝宗。但此时宋有相无将。

第三十三章
南宋与金之交往

此时金世宗在位二十八年,号为文治,人称"小尧舜"。但此时宋多乱民,仍未达强盛,仅能稍改和约。其大旨为:

(一)宋主称金主为叔父。

(二)岁捐减银五万两、绢五万匹。

(三)界域同绍兴时。

宋孝宗之心仍感屈辱,遂让位给光宗,光宗让位宁宗。虽有韩侂胄之北伐,结果宋败求和,杀侂胄自解。又订新约如下:

(一)宋金为伯侄。

(二)岁捐增银十万两、绢十万匹。

(三)其他如前约。

秦桧以下之南宋,相臣均不济事,国力不振如旧。时女真金国已衰,至成吉思汗伐金,宋亦甚为弱势。金、宋已同趋弱势,已无力抗蒙矣!

第七篇

第三十四章 蒙古入主中国

第三十五章 元代税收与经济政策

第三十六章 元代军政及军民争地

第三十七章 元政府赐田及设官政策

第三十八章 元代之宗教信仰

第三十九章 元代之科举制度

第三十四章 蒙古入主中国

南宋政权向为中国传统政治，但其由盛而衰，遂由北方南迁江淮流域，以致覆亡。

蒙古入主中国，为中国之统治权首次落入异族之手中。中国之政治社会，随即有一大变动。

蒙古之兵震烁欧、亚两洲，蒙古所向无敌，今次遇中国之对手，为蒙古首次之遭遇，因此蒙古逐步部署，终于吞并整个中国。此即元、明两代来临之先兆也。

元自成吉思汗至忽必烈灭宋，凡历五世，历时七十四载。当时之中国，分宋、金、夏三部，元人用兵，亦先灭金，再平定夏，再取金黄河之南岸，再得长江及南方之地，

第三十四章

蒙元入主中国

灭了宋。元灭上述三部，费力不少。

成吉思汗未能灭金而崩。六年后元才攻下金所占据之汴京。初，金哀宗走避蔡州，宋兵与蒙军合围，历时一年而亡金。后蒙宋交恶，蒙用六年时间仅攻下襄阳一城。嗣后再灭宋，又耗时六年。

中国地广人众，蒙古征服中国，乃最艰困之一关。自此蒙古抽调部分军队，统治宋地中国，绵延一百余年之久。元之入主中国，凡十一帝，一百零九年。

元代世祖最初管治中国之三十多年，几乎每年均用兵，计元世祖十六年灭南宋，此下尚有十五年，而元政府以武力夺取财物，于文治鲜有成绩。且元代帝位之传承并无完美之系统，全靠诸王大臣之拥护，故易生纷争。

元代未入主中国时，已拥有欧、亚两洲，包含四大汗国。故其来中国，只专注于中国之物阜民富，而不重视文治。统治中国各省之大臣，无一通中国之文墨。治理手法，迥异于中国传统之政制。

首先，元朝在政治上划分等级，一切地位不平等。元代将人民分为四等级：

（一）蒙古人。

（二）色目人含西域三十余部族。

（三）汉人_{黄河流域中原人}。

（四）南人_{长江流域及以南之中原人，即宋时人民}。

四不同等级，所受之待遇亦各有不同。

汉人、南人，不能任正官，汉人不得任丞相（左右丞），及参知政事诸官职。

元世祖时，有入台省任官之汉人。成宗以后，台省有汉人，无南人。亦即等级很严，对汉人、南人有所歧视也。

元顺帝至正十三年，江淮兵起，遂任南人，依元世祖例，可做台_{御史台}、省_{中书省}、院_{枢密院}之官。

至于地方行政长官，均由元人世袭。

至州县之官，则由将校提升，县尉多属色目人，因不识汉文，盗贼滋扰大盛。

汉人、南人如欲谋求州县低职，可由纳粟、获功两途升任。富有者以此得入州县低职官员。

要而言之，元人对汉人、南人持歧视态度，亦不思整顿文治，故亦并非善用汉人、南人，所用悉属坏人，亦不思有好之文治，只求防制反动及征敛赋税两项而已。

第三十五章 元代税收与经济政策

元代税收有扑买之制[1]。蒙古太宗十一年，有富人刘廷玉等请以银一百四十万两扑买天下课税，耶律楚材反对，后有回人奥都剌合蛮请以二百二十万两扑买，楚材虽阻而不得。

元世祖虽为贤王，亦重敛财，亦重聚敛。各种商税课额，日增月涨，无有停息。除常赋外，又有"科差"，其银额极重。

元世祖初统汉人，尚知体恤南方之农民。至元七年立司农司，专管农桑水利，并有劝农官及知水利者巡视郡邑地方；

---

[1] 钱按：宋金时已有此制。

又在农村设"社长",并疏浚水利,使丧乱后之民生,稍有疏解。

但自元灭宋以后,即以财务为重,而忽于民事。

元代又行钞法,北宋时,蜀人已有用"交子",至南宋又用"会子",金人则推行钞法。元承金制,专行钞法而废钱矣。

元先造"中统钞",后造"至元钞",新钞旧钞一概通用,发军饷亦以中统钞为准,后钞日贬值,凡十锭钞已不能换斗粟矣。

至明代,钞不能通用,而有银币代起了。

第三十六章 元代军政及军民争地

蒙古的军队也是分等级的。

最高等级的一种是蒙古军,其次是由蒙古族人担任用来镇守边境的探马赤军,再其次是由中原汉人担任的汉军,最后的一级是由南方宋人担任的新附军。

蒙古军与探马赤军军籍严密,是不让汉人知道的。

住家并建立里甲制度,二十家为一甲,每一甲的甲主则必定是蒙古人。并禁止汉人去山泽捕猎;亦同时禁汉人习武艺,持兵器;亦不准有集体的汉人做祷告,做买卖;亦不准汉人夜行。这些都是为了防汉人有异动,使蒙古人易于统治。

蒙古人管理下,又多次搜括民间马匹。如元世祖至元二十三年，收民间马十万二千匹。至元二十七年，收马九千一百匹。至元三十年，收十一万八千五百匹。元成宗大德二年，搜括马十一万匹以上。元武宗至大三年，收马四万多匹。仁宗延祐四年，收二十五万五千匹。延祐七年，二万五千匹。天顺帝天历元年，十一万余匹。数十年之间，共搜括民间马七十余万匹之多。蒙古人本为游牧民族，善于骑兵作战，因此亟需良马备用，其理甚明。

蒙古人擅长作战，不善管理财政，故有关钱财赋敛之事，便交给色目、回人办理。但凡于蒙古军所到之处，便强抢民户，作为蒙古人之家奴。如至元十四年，荆湖行省一地方官将三千八百户降民没入作为家奴，由自己设官治理之，并每年规定其应缴赋税。

又如至元十七年，阿尔哈雅等将所俘三万二千多汉人赦为民，当然亦成为蒙古人的家奴了。政府将此种措施作为对汉人的恩典，其实汉人成了家奴，只是被剥削的苦民而已。

至元十八年，蒙古人平定江南后，将江南之汉人民户分赐给诸王、贵戚、功臣，此次受赐之诸王共有十六人，后妃公主九人，功臣三十六人。高级的王有受封一二万户甚至十万户者，功臣受封的自四万户以下，至数千户或百数十户不等，视其功勋高低而定多少。当时此种奴隶的献赐、买卖

第三十六章
元代军政及军民争地

和投靠，是经常发生的。蒙古人一方面拥有汉人家奴，一方面又霸占民间田地。据赵天麟写的《太平金镜策》书中记载，当时的王公大人家中，有占民田近千顷之多者，不耕不稼，谓之草场，专供马羊吃草之用。于是牧场与农田很难分清界线，便时常发生冲突。据一本《和尚传》的书中所记，当时诸王的牧地、草场，与民间的耕地混杂一起，于是互相侵夺，有司视何者势力强大，便让何者占用。亦就是没有道理可讲。又在《塔里赤传》一书中记载说，南北方的民户的农地好坏杂凑在一起，和蒙古军的牧马草地，大家互相争夺霸占，这些都是元世祖至元年间所发生的事。

第三十七章 元政府赐田及设官政策

元政府常有赐田之举，元代历朝以官田赐给诸王、公主、驸马，及百官、太监、寺庙道观。

以军人而兼贵族的，当然都是蒙古人，他们一面享有政治上的特权，一面又多用回人经营赚钱的各种业务，以剥削生息。有鞑王及伪诸王、伪太子、伪公主等，均将银两交给回人或借贷给民间而收息。如借出一锭五十两银辗转十年后，便获息一千零二十四锭，称为"羊羔儿息"。但民间则通常只取三分息。

汉、回两民族在待遇上有种种的不平等。如元世祖时，政府搜括各方面的马匹，但色目人有马者只三取其二，汉人

第三十七章

元政府赐田及设官政策

之马则全数没收。如在政府任官职,定等级时,往往诸色目人要比汉人高一等级。

汉人中以工匠地位最高。如某次保州屠城,但工匠可免。很多非工匠的汉人,便冒充是工匠,于是得免于难。

又如蒙古人入汴,依照旧制,攻城不降者则格杀之。当时耶律楚材劝也不听,便说:"凡弓矢、甲仗、金玉等工匠,都聚居在这城中,如果把他们全杀了,则一无所得。但他们都是可利用的工匠,岂不可惜?"于是诏令可免,汴城一百四十万户居民得以保全性命。

元时凡蒙古人或金人,对工匠均相当优待。如《静修文集》载:"金人南徙,迁诸州工人实燕京。"又《元史·张惠传》云:"灭宋,籍江南民为工匠凡三十万户。选其有艺业者十余万户为匠户。"

元人任用官职,亦分为军、民、匠三种等级。

匠职的官员甚多,与军职、民职的官员地位相等,称为"局院官",可见工匠的地位不俗。

元时对工匠地位特别尊重。如元世祖时,有浑源人名孙成者善于制甲,后人赠他"神川郡公"称号,死后谥为"忠惠";子孙继承其业,亦赠其"神川郡公",谥"文庄"。又如当时回人中有善制枕者,有善装塑者,亦均赠以公并予谥号。至于天文星历、阴阳卜筮之人，元人均给予他们匠医地位。蒙古人之统治有点像古代贵族封建的统治。他们缺少精神生活之陶冶，只有一种宗教的迷信。

第三十八章 元代之宗教信仰

元代的僧侣在政治领域里占到很高的位置，因元人很重视宗教信仰。在世祖六年之前，蒙古尚是一没有文字的蛮族。到世祖六年时，国师八思巴才创造文字，这之前他们需用文字时，则借用畏兀儿文。到了八思巴创造新文字，元世祖还封赐他"大宝法王"的称号。泰定帝时，以鲜卑僧言，在全天下立祠，其地位与孔子相当。世祖时，有僧侣杨琏真迦为江南释教总统，更为骄纵蛮横，竟发掘故宋赵氏诸王陵在钱塘、绍兴两地者，及其大臣冢墓，计共一百零一所，并私自庇护平民不输公赋者达三万二千户之多。

依照元制，在帝师、国师之下，僧侣可封为王公，可见僧侣在当时极受尊重。

又皇室重视做佛事，所支出之费用超过国家政费之大半。元成宗时，有张养浩上时政书，书中谓："国家经费如分为三分，则僧侣要占二分……如明宗时，中书省言佛事，其费用要增多金一千一百五十两，银六千二百两，钞五万六千二百锭，币帛三万四千余匹。"可见银数之巨大。

同时寺庙亦拥有庞大之财产物业，与贵族王公不遑多让，可谓是一种封建势力之延伸。至元二十八年时，当时有僧寺四万二千三百一十八区，僧尼二十一万三千一百四十八人。其中如大承天护圣寺，顺帝至正七年时拨山东十六万二千余顷地。前后两次共赐地达三十二万三千顷。又如大护国仁王寺，便有水陆田地十万顷，赐户三万七千五十九。可见僧侣们财雄势大。

更有甚者，当时僧侣祸害社会，罄竹难书。如武宗至大三年时，监察御史张养浩上书，谓"异端太横"，称有佛老之徒，蓄妻育子，饮酒食肉。又如泰定帝二年，在平凉府静会、定西等州，西番僧人身佩金字圆符，络绎道路。传舍不能容纳，则借宿民舍，奸污妇女。如奉元一路，七个月之间，有僧侣往返达一百八十五次，用马八百四十多匹，比诸王行省之使，还多泰半，可见其扰民之甚。

第三十九章 元代之科举制度

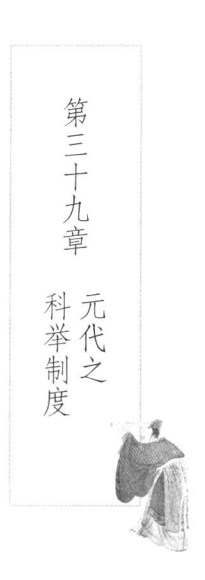

元代,汉族之士人亦与普通平民一般被当作奴隶看待。后来长春真人丘处机得成吉思汗之信仰,其徒众得以免赋役,全真教遂大行其道,文人被蒙古人迫害者多归信之。

后来元人中有明白汉化者劝告元人当局,汉族士人遂稍得纾解。如元太宗时,淮、蜀士人遭俘虏为奴隶者有四千零三十人,免为奴隶者有四分之一。又如元世祖取得鄂州后,俘虏之士人得以赎还者有五百多人。

元太宗时,耶律楚材说:"制造器皿必须用良工,协助政务者必须用儒臣。培养一位儒臣非易,必须积数十年之经验。"因此元政府将随郡考试之儒人俘为奴,以便协助治理政务。于是南方的儒学借着这些俘虏遂迁到北方去了。元仁宗皇庆二年，举办科举考试，规定蒙古人、色目人考的是《大学》《论语》《孟子》《中庸》，名为"经问五条"，用朱子《章句集注》版本。第二场考策一道，用时务出题。汉人、南人则考明经，亦用上述四本经书，另一场则考经义一道，各治一经，以《诗经》《尚书》《周易》三经选其一，以朱子之注为主，可兼用古注疏，尚有古赋及考经、史、时务的策。此制直至清代末，科举以四书义取士便由此时开始。还有行省制，也是此时开始。此两制度一直影响明、清两代达六百年之久。

但元代开科取士的次数甚少，举行时间亦不长。元仁宗开科取士，已在宋亡后近四十年。科场三年一考，至顺帝至元元年，科举即停办，前后仅二十年。到至元五年再有科举，总共不过二十次而已。

根据《续通典》一书记载，元代由进士而担任官职者只有百分之一，由小吏积功升至显要者反而占十分之九。至顺帝时罢科举，许有壬向当局争取，谓白身升职者在是年四至九月达七十三人，而科举一年只录用三十余人，但成效不大。

据《辍耕录》二十八卷记载，江浙乡试被揭发有舞弊，

第三十九章

元代之科举制度

已失考试本意矣!

总之,元代统治中国,历时一百余年,他们对秦汉以来的传统文治政权意识,始终未能接受,其政治意识,始终有封建武装之气味。蒙古人虽曾雄霸欧、亚两洲,却在汉人反抗下,退让出对中国的统治。

第八篇

第四十章　明太祖严刑施政

第四十一章　明代之政事

第四十二章　明代太监弄权

第四十三章　明代之党祸

第四十四章　明代之教育制度

第四十五章　明代之吏治

第四十六章　明代之政制

第四十章 明太祖严刑施政

　　明太祖朱元璋是中国历史上以平民崛起为皇帝的第二人。首位是汉高祖刘邦。

　　太祖在位三十一年，实行封建制度，杀功臣废相，传位给惠帝，因靖难之变四年而下位，继任者成祖，迁都燕京，成祖对外征服四方，并派郑和出使，招致南洋各国，为明帝中最有成就者之一。此后之明帝中，以孝宗之政治较为清明。穆宗用张居正为相，平倭寇和俺答族，政绩亦不俗。穆宗可以说是明代自成祖以后的一位好皇帝。

　　明代共十六帝，历时二百七十七年，如加入南明三帝，则共有十九帝，达二百九十四年，近三百年矣。

第四十章
明太祖严刑施政

明代本来有良好的政治制度的传承，可惜由于太祖朱洪武废宰相，因此把政治制度搞坏了。

明太祖多猜忌之心，他平定天下时已年逾花甲，太子早死，孙又孱弱，他为了巩固朱氏政权，便一面分封诸子，各设卫兵三千，且有多至一万九千兵丁者；一面尽杀功臣诸将。

洪武十三年，左丞相胡惟庸遭诛，牵连被诛者三万余人。又有蓝玉之狱，诛杀一万五千余人。太祖之所以如此严刑峻法，实鉴于元代政务废弛。有人曾谓，太祖在位时，每日京官入朝，必与妻子先作永诀，至晚无事回家，则夫妻互相欢庆，以为又活一日。因此当时的文人多不愿任官。据《明诗综》记载，当时死于非命的任内的著名大臣为数极众，如靖难之变，方孝孺夷十族，受牵连而诛杀者达八百四十七人。当时的大官，受藤条打屁股耻辱是家常便饭。

太祖时，永嘉侯朱亮祖父子皆受廷杖而被鞭死，工部尚书夏祥立毙于杖下，其后更甚。又如武宗时，宦官刘瑾矫诏百官都要跪在奉天门外，接命三百余朝官入狱。世宗嘉靖年间有大礼议，下狱受廷杖之大臣达一百三十四人，其中因病中受创伤而死者十八人。庄烈帝时，大臣多用刑下狱。明代政府对大臣滥用刑杀，其惨酷无理，为有史以来所仅见。

据清魏禧《魏叔子集》一书所记述，大臣受廷杖时，众官朱衣陪列，用木棒大力杖击犯人露出之屁股，头面朝地，而满口土尘。受杖者多死；即使不死，亦败肉数十磅，医治也需数月之久。

宋太祖鉴于唐代中期开始武人跋扈，因此积极扶植文官。明太祖则认为自元代没落后，功臣宿将多已诛杀，兵卒多已还乡归田，于是认为社会上唯一可怕的只有读书人。但处理政务一定要用读书人，于是一面推行封建，以扩大王室力量，一面废除宰相，由王室管理国政。但又不能不任用读书人，因此用严刑峻法威慑之，使士人在王室的积威下臣服。

明太祖的废相等私意，使明代政治走上了歧途。当时的宰相张居正，为欲掌权治政，便常引用祖宗法度来巩固其当政之权力。

黄宗羲之《明夷待访录》认为，明代之贤不过只做到"法祖宗"而已，因为位轻，不得不假祖宗以压后王也。张居正所言，则是假祖宗之法以抗朝议也。

第四十一章 明代之政事

明代废相后，取消了中书省，保存了中书舍人的官职，只是个七品官，处理文书而已。也取消了门下省，保存了给事中的官，虽是七品官，但有封驳之权。尚书省不再设令、仆的官，升六司尚书成部级官员，秩二品。为了帮助皇上处理文书，另设内阁大学士。当时设立大学士者有四个殿，为中极、建极、文华及武英四殿。另有两阁，即文渊阁与东阁。

据孙承泽《春明梦余录》记载，洪武十七年九月中旬，八天之间，给事中张文辅收到给皇上的奏折计有一千一百六十件，共三千二百九十一件事。所以君王如要独裁，一定要龙精虎猛，不然一个月收到的奏折将达到三千件以上，即平均每天要看并处理一百件公文。每件公文有三件事以上要办。这个君王要有铜头铁臂，不然一定吃不消。

所以，明成祖以后，由翰林院的侍讲、侍读、编修、检讨等官员协助皇上阅卷，称为"内阁"。

永乐、洪熙两朝，皇上召内阁密商，但批答仍由皇上亲笔。成祖时有解缙、胡广入文渊阁助皇上阅卷。仁宗以后，有杨溥、杨士奇、杨荣称"三杨"，以东宫师傅旧臣资格兼内阁学士衔，地位较前为隆，其他百僚地位均在内阁学士之下了。

至宣德时，内阁可用小票墨书，贴在奏章封面代皇上御批，谓之"条旨"。

至于皇上写诏诰起草，唐时有中书舍人，后由翰林院的翰林即内阁学士代拟。明代的中书舍人只是七品小官，专职书写而已。明代多数亦由内阁大学士起草。

明代的大臣，如内阁大学士，不易见到皇上。如宪宗成化以后，一直到熹宗天启，前后共一百六十三年，其间只有孝宗弘治在位数年曾经延访过大臣，而世宗、神宗二十余年来并不视朝，大臣也从未见过皇帝。《万历野获编》记述一个笑话道：宪宗患较轻微口吃之病，所以与大臣很少对话。有一天，召内阁学士万眉州安、刘博野吉、刘寿光珤等人见宪

第四十一章
明代之政事

宗，当皇上与他们谈到时政时，他们均不能应对，只懂得叩头呼"万岁"而已，因此有"万岁相公"之谑。明代中叶的帝王多数不见群臣，赵翼的书中也有记述。

所以明代中叶，各君王与大学士诸大臣很少相见，相见也不过视朝数刻，君或不识臣，臣或不与君王交一言，君臣之间只是"章奏批答相关接，刑名法度相维持而已"。总之，明代君王昏惰，明代政情安得不乱也。

由于皇上懒理政事，于是历朝权臣，时有产生，如世宗时，有夏言、严嵩操弄大权。严嵩控政弄权达二十年之久。明代君王有的实行重法，有的则荒怠不理政事，这都足以使权臣弄权。内阁学士之权最大是票拟，但不能直接见君王，中间隔着太监。

第四十二章　明代太监弄权

明代的皇帝并不亲赴内阁关注政务,只是让内阁学士票拟,此票拟必须由太监递上,因此司礼监之权,往往超越内阁学士,意即太监之权比宰相还大。

武宗时之太监刘瑾专权更甚,大臣凡有奏议,竟有改易者。刘瑾这个司礼监,每月呈给武宗皇上之奏疏,必定趁皇上正在嬉戏时,于是令皇上厌烦,不欲理政事,便斥责道:"我用你来干什么?现在又来烦我,快走开。"其实刘瑾本意就是想造成此现象,则他便可乘机弄权矣!于是,每有奏事,刘瑾便代皇上裁决,不再告诉皇上。但刘瑾不学无术,批语荒唐,靠其助手焦芳替他润色。为此事,大臣李东阳首

第四十二章
明代太监弄权

上疏皇上告状，谓刘瑾窃得皇上批答之权，而抵制他们内阁大臣。其实洪武时曾铸铁牌，挂于宫中，谓："内臣不得干预政事。"但永乐开始，太监就弄权了。此后太监弄权日益嚣张。因此，以后内阁学士等大臣想把握政权者，往往先得交结内监。即使是为皇上信任权重一时的张居正，当时亦不得不交结太监冯保。

清儒黄梨洲言：明代政府之败坏，乃自明太祖废宰相始。明代一面废相，一面施行严刑峻法。如太祖时设锦衣卫狱；永乐时设东厂，由宦官管治；宪宗时设西厂。武宗时，由刘瑾管西厂。神宗时，由冯保管"内厂"，即是变相的西厂。魏忠贤时，兼设内、外两厂，刑罚更毒。这些成为皇帝的私法庭，可不经政府司法机关，私自处分朝臣，甚至虐杀，其权均操于太监之手。

总之，永乐年间，设立内监协助有功大臣处理军纪事务，需太监更多。派军出征边疆时亦派太监为监军，协助边塞的巡视，因此太监权力遂侵入于军事。

其后，明代皇庄之管理，矿税之查收，还有上供、采造等有关财务的措施，也让太监插手，又如永乐中郑和下西洋，侯显出使西番，马骐镇压交趾，都用太监出使。到熹宗时，司礼监魏忠贤大权在握。有浙江巡抚潘汝桢者，竟为魏忠贤在天启六年立生祠，可谓马屁逢迎，无所不用其极。亦有建议将魏忠贤配孔子者，实在十分荒唐。到崇祯年间，重罚搞事内监，有充军者，有处决者，有革职闲住者，太监弄权乱政之风遂被压抑。

第四十三章 明代之党祸

明代中叶以后，由于太监弄权，谄媚之风大盛，造成政局混乱。如严嵩当国时，朝中士人认他为义父者多达三十余人。张居正患病时，朝中几乎全体大臣都为他设醮祈福，朝中及地方官吏一致出动响应，只有一个顾宪成守正不阿，坚决不参与阿谀奉承。此种反谄媚阿谀之风影响及于讲学之书院，于是张居正出而尽力摧毁天下书院，魏忠贤则前后两次杀六君子十二人，于是明之党祸开始大兴。

由于明代政权黑暗，贿赂极盛。王振弄权时，有朝臣见他，必须付出巨金，才可获得升迁等好处。当王振籍没时，在他家中搜出金银六十余库，玉一百盘，珊瑚六七尺长者二十多株。又如太监李广死后，明孝宗搜查得众大臣贿赂给他的黄金白银各千百石。刘瑾失败后，抄家查得大玉带八十束，黄金二百五十万两，银五千万余两，其他珍宝无数。刘瑾弄权不过六七年而已。严嵩为相二十年，籍没时黄金三万余两，白银二百余万两，珍宝无数。

当时不但朝中大臣要贿赂，即州县小吏，亦要用钱买位。每逢户部发边饷，早上一取出，下午就搬进了严嵩府中。输边者只有四成，馈嵩却有六成，即嵩之家人亦馈赠达数十万。当时政府库房积存已不足以支付边饷一年之费，而嵩所积存之金银财富却可支用多年。嵩本籍为袁州，却广置良田美宅于南京等地达数十处。又如陈演罢相，无法带走其所积存之财富，遂为李闯所得。于是遂兴起党祸，流寇[1]随处乱窜，明室之国脉安得不岌岌可危？

---

1 编按：《明史·流贼传·序》："惟武宗之世，流寇蔓延，几危宗社。"旧时统治者常用"流寇"之名污蔑流动作战的农民起义军。钱穆先生在讲课中为方便起见直接引用史籍称谓，并不代表其个人政治情感。特此说明。

第四十四章 明代之教育制度

一、明代之贡举制

明太祖重视教育，重视办学校，因为办政务非用读书人不可。其贡举制十分完备。

据《永乐大典》记载，洪武八年颁发学校贡举制度，各地方分办两种学校：一种是府、州、县办理的学舍，有定额，每天供应生员饮食；一种是乡里办学舍，每三十五家办一"社学"，生员没有定额。

府、州、县所招收的学生以官员子弟及普通百姓子弟之优秀者、年十五岁以上、读过"四书"的为合格。科目有经、史、礼、律、乐、射、算等项。每月有小考，大考三年一次。成绩优秀者，先送到行省，再选拔最优者送至京师，妻子可随行，负责一切费用。学成后由天子召见，分科擢用。其任用之职务有御史、知州、知县、教官、经历、县丞、部院书吏奏差、五府掾史等。

至于乡里学舍之教师，由郡守县令选择有学行者担任之。乡学亦三年一大考，师生均有升级制度。明代之办学校，其盛况超过了唐宋时期。

明代府、州、县各地方均办儒学，全国教官共四千一百余人，弟子无数。生员如不入学则不得参加科举考试，即是学校与考试两制度融合为一，比唐宋时期更为进步。明末时，此制度已渐废坏，实在十分可惜。

至于国子监学生，相当于今日京师之国立大学学生，毕业后分发到诸衙门先学习吏事，亦有派到外面去办理田赋、清查户口册及兴修水利等。凡有出身优异者，至少可担任府、州、县的六品以上官员。如洪武二十六年，将全部国子监毕业生六十四名调派担任布政使与按察使，以及参议、副使、佥事等官，甚至有担任四方大吏者。

明代的国学亦比唐宋时期为佳。学生出来，给予历练，待遇亦佳。到了明代中叶，名儒辈出。

二、明代之翰林院制

翰林院唐朝才开始设立，相当于秦汉初年之博士及郎官。汉武帝时多用文学之士担任侍中，可参与国政，几可夺宰相之权。

宋代的翰林学士，亦在皇上身旁掌理制诰、侍从备顾问，为读书人所乐于担任。

到了明代，翰林院规模更形宏大，成为中央政府内一最高之学术集团，与皇室关系密切。内阁学士便是从翰林院分出来的。

英宗正统七年，翰林院落成，所有地位高的筵官、史官均归入翰林院，稍后径称为"内阁"。此后辅导太子的詹事府官职，亦成为翰林院的旁支。

明代翰林院还有一创举，即增设庶吉士。永乐年间开始，成绩最优的第一甲等可入翰林，凡二甲、三甲则为庶吉士。最先庶吉士可进学于内阁。庶吉士需要长时间之受教育，长则八九年，短的也要四五年，然后才可任官。有的不堪受长时期的学习，便改授其他职务。

翰林院可以说是储才养望之地，又可网罗名儒后秀，储才备用。故翰林学士除了担任讲官、史官、修书等职务外，还有如议礼、审乐、定制度、律令、论荐人才、指斥奸佞等职务。

所以翰林学士是为国储才以便大用，而庶吉士则为英俊后起，侍从台阁，可饱受亲切的教育，以作为国家未来的候补人才，对政治人才的栽培，也非常重要。此后清代亦沿袭此制度，造就了不少为国服务的人才，在政治上、学术上的贡献非常大。

三、明代之察举制

明初罢科举。十年后又厉行察举制，同期又兼行荐举制。中外大小臣工，都有权推举。即使最低下之仓库杂流，亦可推举文学才干之士。因此隐居于山林茅屋者，无不均可受推举而上达中央政府。曾经有一年推举达三千七百余人，即使最少者亦每年达一千九百余人。

因此，有布衣平民上达中央外任大官者亦不可胜数，因为选用人才不拘资格也，故有直接成为大学士者，亦有担任尚书侍郎者。永乐年间，有入翰林院为翰林者，在地方上则有升任藩司高官的。

又容许富户、耆民晋见皇上，如果奏对称旨，便可获得好职位的美官。

第四十四章
明代之教育制度

同时,明代又奖励人民上书言事。即使职务低下如百工、技艺,也可上书给皇上,甚至可直接与皇帝应对答问。自明初直至宣宗、英宗,即使是看关之卒吏、荷枪之小兵,只要陈说允当,即可升迁至帝阁任职。即使到了英宗、景帝时期,亦多至不可胜数。

第四十五章 明代之吏治

明代虽已取消门下省长官，但仍保留六科给事中。凡有圣旨下来，必先经过六科给事中，凡有不当之处，六科给事中有权驳正，再发给部，称为"科参"。其下属不敢违背科参而自我行事。给事中亦有权参与廷议大事、廷推大臣或重罚大臣。

因此，如果君王贤明，则学校贡举制认真推行，翰苑制度认真培养人才，使地方官僚以及民众人人奋发有为。故自明太祖以来，吏治清明达百余年。当时之地方官，常有人民乞留而留任，且有升官者，由地方小吏升为中央大官者比比皆是。亦有由中央尚书出任为地方布政使者，由侍郎升任为

第四十五章
明代之吏治

参政者,并重罚贪吏,故明代之吏治,实超越唐宋之上,几乎有两汉之风也。即使到明代晚年之英宗、武宗时期,仍然民心安定,亦少贪渎之吏使然。

但严格来说,英宗天顺以后,巡抚地方大员渐渐专权自大,使监司、牧守不能畅所发挥其谏政,遂造成重内轻外,即中央政府特受重视,而致忽略于地方政府之施政。

又如明初沿袭唐代之府兵制度,自京师一直到郡、县皆设置卫所制度。凡地方上一郡所,连郡者设卫。大约以五千二百人设一卫,一千一百二十八人设一千户所,一百一十二人设百户所。地方上由都司统领,中央由五军都督总管。遇作战时,命将任总兵官,统领卫所之军兵。战事完毕,则将上所佩印交还给中央,官军各回卫所。每军给田五十亩,如田肥者减为三十、二十亩,如田瘠者则增为百亩、七十亩。最盛时卫所军达百余万,中央须供应粮饷五百余万石,官俸兵粮均从此出。故明太祖曾自负地说:"吾养兵百万,要不费百姓一粒米。"较魏晋时期为优。

此外,明代洪武时尚有整顿赋税之黄册与鱼鳞册,后来清代亦一直沿此制度。

又如武功,明代亦足以与汉唐相媲美。

大体言之,明代的政治设施,虽然并非十分理想,但自两汉、唐宋以来，明代亦可算是一个昌明时期。可惜嘉靖、隆庆以后，吏治日衰，民生日苦，遂趋于亡国矣。

第四十六章 明代之政制

今再谈及明代政制之腐化。

由于明代承平年岁甚久,遂使科举进士日重而学校贡举日轻。但学校可培育社会需用之人才,科举却只是就社会现有之人才中选拔之,荐举更为稀少。于是人才多由科举进士中出。

英宗天顺年间开始,非进士不得入翰林,非翰林不准入内阁,但翰林人才只限于某些科目,并非完全齐备。而此后之庶吉士变成有名无实,并不再受重视。但当时之进士,没有理想职位时多数请假返乡,甚至有家居数十年者,等到有尚书侍郎的官职,才入朝供职。

明代之翰林院为储备人才之地，吏部则为选举人才之所，此两处为明代所特重。

明代吏部的选举法有四种：一为学校，二为科目，三为荐举，四为铨选。天下人才，大致出于上述四类。可见吏部之权重。

当翰林院无法培植人才时，吏部选举曾有用抽签之法，分四个地区抽签：一为东北，以北京、山东地区为主；二为东南，以江、浙、闽、桂及江西为主；三为西北，以陕西、山西为主；四为西南，以湖广、四川、云南、贵州为主。官方与民间均十分赞同，认为十分公平。

至于科举，则初为考经义，后变为八股。顾亭林谓："科举之害，等同焚书，而败坏人才，甚于咸阳之坑儒。"因此造成明代士人与官僚学识空虚，胸无点墨。由于明代帝王怠惰专横，虽然当时风气奖励廷臣发表议论，但由于空疏无学，只是叫嚣而已，遂至于以议论误国。

朝中大臣趋炎附势谄媚成风，互为倾轧，遂使党争日烈。地方官员则毫无教养，浪费公款，无补时政。而土豪劣绅与日俱增。顾亭林《日知录》批评道："万历以前，朝政尚是小康。而万历以后，有法令而无教化，造成老者不教，幼者不学，为俗之不祥。"当时之人只是空谈明心见性，而

第四十六章
明代之政制

不谈修己治人之实学。万历间人看书不看首尾，只看中间两三行。其所著书，多是盗窃。因此造成社会日乱，神州倾覆。

由于明代世局平静，武备军事相应松懈了。军政尽归兵部统管，边疆遇有骚扰，调兵拨饷统由兵部主理。武臣总兵毫无话事权。此后之卫所空洞无兵可用，致生募兵之制。

明代政治，起初靠君王有独裁之权，下有清廉负责之大臣，故尚可支撑大局。但由于宦官揽权，官僚不负责，造成政治教育破产，兵制、田赋崩溃，最后是国家经济破产。

至于明代财政，英宗以后，亦日见缺乏。其原因是皇宫内府供奉日广，皇室衣着重视新巧，饮食日费巨万。嘉靖、隆庆年间，皇室雇佣之厨工多达四千一百余名，其奢侈可见一斑。又如武宗修理宫殿，即加征田赋一百万两。再加上历朝宦官之贪渎，所费更多。

其次是宗藩。唐室的宗亲分散于民间，明室的宗亲则分封列爵，不农不仕。正德年间，已有皇室亲王三十，郡王二百十五，将军、中尉二千七百。到了嘉靖年间，经御史林润公布，天下百姓供京师粮四百万石，但要供应皇室宗亲禄米却需八百五十三万石，即使全部供给诸府，还不足一半。此后历朝所欠供之禄米，年复一年，日益加重，皇室更难负担。

第三是冗官，尤其是武官过多。如景泰年间，京都卫所武职，一卫已有二千余人，全部三万余人，每岁需银四十八万两，米三十六万石，其他薪俸等动经百万。耗损国家储备，极为巨大。

嘉靖时，大臣刘体乾上疏道："历代官员数目，汉代七千八百名，唐一万八千名，宋代冗官极多，至三万四千名。但到了明代成化五年，武职已逾八万，合文武官员达十余万，比宋代多数倍矣。"可见夏、秋税粮不足支付甚巨。

以上数端，使王室欠缺禄米，卫所缺月粮，边疆缺军饷，各省缺俸银，且冗官日多，募兵日增实减，因此民穷财尽，遂成亡国致命之伤。

第九篇

第四十七章　自唐至明南北经济之变动

第四十八章　中国经济文化南移之原因

第四十九章　南方水利农业之发展

第五十章　宋元明三代之学术

第四十七章 自唐至明南北经济之变动

一、论漕运

唐代中叶安史之乱以前,中国经济之支撑点偏重于北方的黄河流域。

当时的漕运是一个大问题。汉代初年,只是把山东之粟漕运到京师地区,交给中都官。三国时,南北朝南北对峙,谁也不靠,各自立国。

隋炀帝开运河,大业元年开通济渠,四年开永济渠。前者将西部粮谷经洛水运到黄河,又从黄河通到淮海;后者是引沁水南达黄河,北通涿郡,设置洛口的回洛仓,设置

第四十七章
自唐至明南北经济之变动

三千三百窖，每窖可容纳八千石，以收纳从东南、东北两渠所运来的粮食。这并非北方要仰赖南方的粮谷，只是要把北齐、北周与南朝三者打通一气。

到唐代，江南户口日多，租调也大增，漕运遂成为大问题。

开元二十五年，开始用"和籴法"，此法是用官府的钱以籴入民间的粟。说明中央政府单靠北方之粟已足够了。据《新唐书·食货志》记载，韦坚开广运潭，每年漕运山东粟四百万石给京都，并不说其他地方运粟给京师。

据天宝年间的记载，米粟产量最盛是在河南、河北及关内、河东等地，然后才轮到江南、淮南，可见当时北方胜于南方。

但安史之乱以后，唐政府遂要靠长江一带财赋立国。再往后，河北、山东有藩镇割据。中央政府无法收取租税，唐政府的财政遂永久偏倚南方。其时从长江入黄河之漕运，遂成为国家大事。德宗时，江淮米不到，六军将士脱巾狂呼于道。

肃宗时的财政大臣刘晏，他拿手的本领便是能办好漕运。史称刘晏每年运江淮之米达数十万石到关中。

不过南粮北运之情况不算频密严重，北方经济大致上尚可自立。

宋代建都汴京，主因是为了迁就漕运。当时的漕运有四条线：一条是汴河，大体每年自江浙、淮南、荆湖南北运米到北方六百万石左右，及菽一百万石，从长江入淮河，再输入汴水；第二条是将陕西之粟五十万石及菽三十万石，自三门、白坡入黄河再入汴；第三条线是惠民河，将陈、蔡的粟四十万石及菽二十万石从闵河、蔡河输入汴；第四条线是将京东的粟十二万石，从五丈河经历陈、济及郓，为曹、濮等州所运，谓之北河。

宋代全国统一，国家财赋大部依赖南方。南宋岁收，更超越北宋之上。宋初之岁入一千六百余万缗，为唐代之两倍。熙宁时增至五千余万缗，南宋时更增至六千余万缗。地狭而赋转多。

元代建都燕京，米粟仍靠赖江南。当时还创造了一种海运。元之海上漕运，官民均甚便利，船三十只为一纲，大都船九百余只，运漕米三百余万石，有船户八千余户，每纲设押船官两人。

创造海运者为朱清与张瑄，本来是海盗，因立功而位至宰相，其亲属皆位任大官，田园遍天下，库藏仓库无数，并拥有巨船大舶。成宗年间，没收其所有财产。

第四十七章

自唐至明南北经济之变动

元世祖时,海运二百五十余万石,其后累增至三百五十余万石,可见其海运之盛。

至于明代漕运,经历五次变化:首先是河运,即自淮水入黄河;其次是海陆兼运;第三便是支运,永乐九年开会通河后,开始支运;第四是兑运;第五是改兑。

所谓支运,乃是规定苏州、松江、常州、镇江、杭州、嘉兴及湖州诸地之粮,拨运淮安仓,将扬州、凤阳、淮安之粮发运到济宁仓。余类推。

所谓兑运,民间只运至淮安、瓜州,再由兑之卫所官军运载到京,给予运费与耗米。

所谓改兑,即是令里河官军运赴江南水次交兑,而官运长运,遂变成永久之制度。

所用运船,在明天顺以后,有固定船只一万一千七百七十只,官军十二万人。

以运粮数量比,北粮只有南粮五分之一。当时中央全赖南方供应粮食,运费亦成为国家每年的大耗费。

清代之漕运额定为四百万石。各省漕运原额,约为南方四北方一之比。但据乾隆十八年之统计,则为南八北一。到乾隆四十四年,其漕运额又变为南十北一比矣!

二、论丝织业

我国农业除耕种外，便是纺织。粟米与布帛为国家租调两大税项。

中国发明蚕桑甚早，且先是发生于北方，春秋时代北方地名用"桑"字者甚多。到汉代，黄河流域的山东临淄、河南襄邑成为中国丝织业的中心。

当时北方种桑极多，目的是养蚕、调丝织帛。隋唐时期丝织业在北方极盛，江南各州则未有此业。唐代丝织业最盛者乃在开封、安徽等地，但主要在黄河以北，其主要产地在河南、河北、河东及关内、甘肃等地。至于唐代开元时期，江南及岭南产地则只是少量而已。

五代时期，石晋每岁输贡契丹绢三十万匹，乃出于黄河南北之产地。

到了宋代，汴京织物，颇负盛名。宋锦名目多达四十二种。

靖康年间，金兵入汴，索绢一千万匹，但认为浙产之绢轻疏不佳，予以退回。

元代时北方尚有大规模之种桑地区。至顺二年，史载冠州（今山东省冠县）有蚕食桑叶四十余万株，可见蚕桑之盛。元初

第四十七章
自唐至明南北经济之变动

有按户税丝之制。每户出丝一斤供官府之用,另每五户出丝一斤供君王之贵戚、功臣之家。

丝织业到了明初,从北方移向南方,因此绢税也变成三与一比,即南方多于北方两倍矣。至唐代以前,北方输绢给政府日少,南北比例到了八比一的程度,即南方多于北方七倍了。

到了明代,又在南方遍设织染局,计浙有杭州、绍兴、台州、宁波、温州、金华等九府,江西、福建则有福州、泉州,四川、河东、山西则有济南,江苏、安徽则有镇江、苏州、徽州等六州。

到了嘉靖年间,因江西、湖广今之湖南、湖北、河南、山东不善织造,准用银钱折价,但浙江与南直今之江苏、安徽,每年征用丝绢二万八千余匹。

到清代时,只剩下江宁、苏州、杭州三地织造,即只有江苏、浙江两省了,且两税均用银两缴纳矣。

第四十八章 中国经济文化南移之原因

中国社会经济文化南移之原因，或有谓北方之气候逐渐寒冷；又有说北方之雨量比之古代已逐渐减少；或又认为北方之民族血统，越后越多混血种，因此而遭退步；或又有说黄河河道多次变迁，造成水患频频，等等。但上述理由并无确实理由可以证明，尤其是谓黄河为北方之患，长江为南方之利，此说法则甚谬也。

我国文化，始于殷朝时，孕育于黄河流域。到西周时，仍有赖黄河、渭水的灌溉。到了周定王五年，黄河始生水患。魏文侯时，有西门豹、史起大修水利，北方仍是安乐之居。此后黄河河道多次变迁，造成水患，如周定王五年、王

第四十八章
中国经济文化南移之原因

莽建国三年、宋仁宗庆历八年、金章宗明昌五年、元世祖至元二十六年、清咸丰三年,造成六次决水,但主要的水患乃在宋以后。宋后河患所以多,由于他种原因,而牺牲了河流的正道。

第二个原因是政治腐败,河工贪腐渎职,以致政府花钱多而收效少。

第三个原因是当辽、宋对峙时,边境常生乱事,不得生活安定及种养,常令皇帝御驾亲征,耗损巨大而耕种荒废。

第四个原因是宋、夏对峙时,情况与辽、宋对峙相似,边界受侵犯以致不能生产安居。

第五个原因是在金人统治时期,政治情况退步,尤其是当时金之屯兵圈人,害了北方之农村。

第六个原因是蒙古军队之残杀。宋宁宗时,蒙军破金朝河北、河东等州郡,凡九十余郡之多。两河、山东数千里之地,人民被残杀几尽,财帛、子女、牛马羊畜,尽被抢光夺去,城屋被烧毁,能坚守之州郡不多。

第七个原因是元代政制黑暗。元代有军人屯田,民众屯田,又有寺田。僧徒又常侵夺民田,包庇逃税。又创官田制,极为扰民,因此造成农民乱窜。

第八个原因是元末北方之残破。当时淮河以北,黄河以南,极为萧条,都成为丘墟了。

由于以上种种情形,政治黑暗,加上兵祸天灾,情况日坏,北方的汉唐黄金时代,已不复见矣!

第四十九章 南方水利农业之发展

中国南方社会的经济文化发展,主要在长江以南的江苏、浙江一带。江浙的水利事业之发展,乃是历年来不断的有水利专官积累而成。

五代时吴越建国,政府常雇用数千工人,用来治河筑堤,开垦种植。在宋仁宗时,有大规模的圩田以及河塘。所谓江南旧有的圩田,每一圩田方数十里,如一座土城。其中设有河渠与门闸。旱时开闸,引水入田;水浸时,则闭闸以拒水。因此免除了水旱两灾,为农谋利。

宋代,南方文化日高。仁宗时,就有至和塘之修建。此至和塘建自昆山到娄门,凡七十里长,只有积水而无陆路,后来发明此水塘中建堤,每隔三四里则造一桥以通南北之水,此事详记于邱与权的《至和塘记》。

宋神宗时,有一位昆山人详论苏州水利,他认为环绕太湖之地有二百余里,可以造田;又有沿海之地,亦有数百里可以为田。前者在水之下,后者在水之上。有聪明人将上述之田辟为圩田,而且用适当措施,使水灾不浸,旱灾不干,均成为良田也。这位昆山人建议学古人治水之法,使之纵则有浦,横则有塘,凭人力均可完成。

宋以前一千多年中国经济文化之重心在北方,宋以后则迁到南方来了。包括苏州在内的三吴水利,成为宋以后中国南方经济文化的重要营养源。

当时三吴水利,不但重视水利之兴修,也极重视种子的选择。真宗时,因江淮两浙之地多旱灾,则水田难种,于是派使者去福建取得占城稻三万斛,此为旱稻,满足了旱稻可早熟之期望,而避免了亢旱之苦。

宋室南迁后,江南地区更大力开发,以百万之众大兴水利,并且有大量北方难民,一起参与开发南方的土地。

绍兴五年时,有屯田郎中樊宾建议,江南、湖广等地膏沃之田数千里,无人可耕,如能让北方士民千万人来南方尽耕荒闲田地,则地无荒田,人无遗力,国可中兴矣。于是大

第四十九章
南方水利农业之发展

兴水利计划，遂有"苏常熟，天下足"之谚语产生。不过美中不足者，兼并之事，因之而生。

由于当时豪强的兼并，富者田连阡陌，兼且逃避赋税，因此遂有公田制的产生。政府没收贪官之大量田亩此等田均为官田，于是景定四年，宰相贾似道实行限田之法。

宋代官田租额甚重，元明时继承了。

元代时并将官田经常赏赐给大臣。

此时期蒙古人、色目人视江南如在天上，纷纷想方设法迁来江南定居。回人来江南居住者更多。北方此时来南方设法工作者亦接踵而来，北方人尤为欣赏江南人之技巧精妙。而此时江南人兼并之风更为有增无减，富室奴役贫者，动辄百千家，有多至万家者。因此江南成了少数大地主含蒙古人、色目人及汉人、南人管治多数佃户之局面，而大地主之财富占了天下十分之七。

到了明代籍没土豪田租，但田租仍照旧额付与政府，此法南宋时已有。

当时富庶之区在江南，天下的租赋，江南占了十分之九，浙东、浙西又占了整个江南的十分之九。而苏州、松江、常州、嘉兴及湖州五府又占了两浙的十分之九。而苏州更甚，苏州一府都是官田，而民田不过十五分之一而已。

假使以苏州的田赋与唐代的租庸调制相比，则此时苏州之田赋要比唐代重四五十倍，因而英宗时，松江一地已积荒田四千七百余顷，皆因田租太重，遂造成久废不耕之现象。

　　田赋较苏州稍轻者为松江。宋代征收苏州赋税，夏税付钱，秋税科米，总税额每年不过三十余万；松江则每年不过二十余万。后来因改行公田，赋法遂杂乱矣。

　　元初之赋税仍照宋制，但赋额则大增。至明洪武时，赋税较元减少两成左右。但永乐即位，赋税又复加重。自万历到明末，赋税仍重，故民间缴赋者，岁不过全年所赋之十之五六而已。此种赋税不均问题，一直到清代亦无改革。

　　总言之，唐中叶之北方财富，到明时已转到南方，但南方人之生活已较唐代之北方人为苦，亦即显示明代国运不及唐代了。此时财富集中于江南之富豪，小民则水深火热。总算富人对社会事业之关怀，还相当顾及，对于农田水利，当时有进修，也能维持不坏也。

第五十章 宋元明三代之学术

唐代中叶前后,是南北经济文化的大转移,同时也是贵族门第之兴衰转移点。东汉以后的读书人因缘际会造成了贵族式的门第,并在东晋南北朝时大盛。要到隋唐科举制度兴起,贵族门第才开始衰落。

于是学术文化传播更广泛了。白衣老百姓有更多机会成为公卿了,即使农家子弟亦可一跃而变成士大夫,即社会阶级消融了。

此是由于唐代以后,印刷雕版的发明,使书籍的传播更广泛了。于是民间出现很多藏书家,如王钦若家藏书四万三千卷,宋敏求家藏书三万卷,叶梦得超过十万卷,周密家三代积存四万二千多卷等。苏东坡曾写一篇《李氏山房藏书记》，其中云："余犹及见老儒先生，自言少时欲求《史记》《汉书》而不可得；幸而得之，皆手自书，日夜诵读，唯恐不及。近岁市人转相摹刻，诸子百家之书，日传万纸。"此乃由于宋代活字版发明，因此书籍当然比唐代远胜多倍了。

其次是读书人多了，学校书院亦随之而多了。因此学术空气自然比从前为盛。

宋初的读书人，多在寺庙中借读，但多是关心世运、治儒术经典古籍，与唐代时人在寺庙中读文选习诗赋、谋科举已大不相同。

此时书院亦纷纷建立，如有名的白鹿洞书院、嵩阳书院、岳麓书院及应天府书院，多是模仿寺庙规划而建造。遂由私人聚徒讲学而变成书院讲学。

到了元代，书院比宋代为盛。

直至明代，学术上自由传播则更为方便了。此时贵族门第已不能独擅学术上的私秘，从而使私人讲学更为盛行。宋明时期的自由讲学之风，其风气与先秦诸子讲学时期差可相比，因同为平民学者之自由讲学也。

还有，宋明时期的学者，既非贵族，亦不出世，也不讲功业、礼教。他们讲的是接近平民生活的人生、社会、国家

第五十章

宋元明三代之学术

等各方面,而不讲佛老的出世长生之道,亦不讲霸道的君相事业。

自从范仲淹、王安石主张政制改革失败以后,已醒觉到要改革现实,应先从教育入手。因此当时的关洛知名学者均走上讲学之路。一直到南宋时期,仍一贯保持着此种讲学之风。

北宋中期,学术风气始终是私家讲学。本来范仲淹、王安石等人,很想彻底废除科举,重兴学校,但兴学需要庞大的经费与师资,还要有地方长官的支持配合,故办学实不易。因此只能从发展私家讲学着手。

讲学要有讲堂,有了讲堂,又要有讲义。由于来学之人程度有高低,同时往来无定时,故不能一体施教,亦无法规定日期,因此讲学分成两大派。

一派为陆象山教法,主张因人施教,直指本心。此派传承自程明道、伊川兄弟,重视语录,程氏主张人静坐,便是好学。陆氏近此派。

朱子则主张讨论而不断讲说,与二程有异。

朱子重视选几本重要的书来读,喜欢为古代典籍作注疏。如王安石有《诗》《书》《周礼》的"三经新义"[1],成为学

---

1 编按:"三经新义"为宋代王安石撰《周官新义》,王雱、吕惠卿撰《毛诗义》《尚书义》之合称,是熙宁变法的重要理论依据。

校教本并作为科举取士之标准。又如程伊川作《易传》，直到朱子集大成，有《四书集注》，以便让读者各自研读，以补讲堂教育之缺失。后来朱注《四书集注》成了元代取士的准绳。

简言之，私家讲学是接近陆象山的教学法。到了王阳明提倡良知之学，讲者不必到书院讲学，只需几次谈话便可成事。

因此，我们可以说，宋明学者讲学之变化，从学校进展来说，是先由寺院私人读书进而到私人学塾的书院，再发展为地方政府之公立学校，再进而由地方学校上推至国学 太学。

至于私人公开讲学方面，第一期如二程，为私人讲学；第二期如朱、陆，此时期所集门徒有时甚多；第三期如阳明弟子之讲会，成为非学校的社会的公开讲学。

因而宋、明两代六百年中 宋庆历、熙宁及明洪武、永乐除外，政府不能主持教育，领导学术；社会上的学术空气则续有增高，教育要求亦与时俱进。宋明儒之讲学风气之盛，实是在此种环境中产生。

第十篇

第五十一章　满洲兴起至入关

第五十二章　南明之兴亡

第五十三章　清代之政制

第五十四章　清代之军事

第五十五章　明末遗民与清初学风

第五十六章　清代之政风与洪杨之乱

第五十七章　咸同中兴

第五十八章　晚清之政局

第五十九章　晚清之政治改革

第六十章　辛亥革命后之政局

第五十一章 满洲兴起至入关

满洲族在明代分为三部：一为海西女真，二为建州女真，三为野人女真。野人女真由于住在黑龙江流域，距中原最远，所以不常来朝贡，但前两个部落女真，明代时每年均来朝贡。

建州女真之祖先为名将李成梁所杀，时在万历十一年_{张居正死之翌年}，遂与明结仇。

万历四十四年，彼创立后金汗国，以步骑二万，兴师犯明。明四路出兵讨之。每路兵六万，合共二十四万兵。努尔哈赤以六旗四万五千人击败明军于萨尔浒山，明将领死三百余，兵死四万五千余。明以轻敌冒进而惨败。于是明室启用

第五十一章
满洲兴起至入关

熊廷弼经略辽东。廷弼力主守御,满洲亦不敢轻松出兵,但熊一年后去任,由袁应泰继任,遂失辽阳。

明再启用熊廷弼,本可安定疆土,惜广宁巡抚王化贞主战,与熊之主守意见不合,因此影响战略,广宁遂失守,于是派大学士孙承宗为蓟辽经略使,命袁崇焕守宁远。

时后金建都于沈阳,以十万兵乘机西犯,为崇焕击败,努尔哈赤负伤而死。于是金太祖四子立为太宗,率兵再攻宁远,又为明击败。明人谓之"宁锦大捷"。

此时以不悦于魏忠贤故,廷弼又遭弹劾,以王之臣代之。会熹宗崩,毅宗立,魏忠贤伏诛。后袁崇焕复职,此时期流寇兴起。

稍后满洲兵又入关,袁崇焕受反间下狱死,遂使满洲得以直扰山西、直隶。此时满洲改国号曰清,降清汉奸[1]日众,于是清兵四次入关,时洪承畴为蓟辽总督,兵败投降。

同时流寇陷北京,吴三桂则开山海关迎清兵入关。此时清人只用三十年时间入关破北京,其原因为:万历中年以后,明政治腐败,兵备废弛,且又轻敌;且明政府常换守将,或诛或罢,人事混乱无方;兼朝臣意见杂乱误事;再加

---

[1] 编按:此处"汉奸"乃指汉族中投降满族(洲)的人,是站在汉民族立场而言。后同。

上流寇之内乱,朝廷官兵陆续降清者数十万乃至百万人,明安得不亡也!

第五十二章 南明之兴亡

明室初以辽东兵起事，但在神宗万历年间屡次加赋，先后共增五百二十万两。毅宗时又加一百六十五万两，名为辽饷。后来又增加剿饷二百八十万两，练饷七百三十万两。先后共加一千六百九十五万两。但正统年以前，天下征收只有二百四十三万两，而此时已增加达七八倍之多，因而民穷财尽，流寇等乱源遂起。

且当时又值荒年，陕西延安人民有食榆树皮、石块者，甚至有父子、夫妇互相交换小儿为食者。于是有叛卒、驿夫、饿民结伙纷起，造成乱源。最初有高迎祥者，窜扰陕西、山西、河南、湖北四省。

接着又有李自成、张献忠扰乱甘肃。高迎祥被诛后，李自成继称"闯王"。他们到处掳掠十五至四十岁的民人为兵，并有号令法律。

考察以上流寇不能速平之原因，在于地方分省制度不当，因元人尽废唐宋之制而自行分省建制。总之，元、明、清三代无藩镇专制之忧，以致平日无准备，而无法禁息乱民之平地突起也。

明代北部既陷，南方则有诸王争相拥立，计有：福王在南京，唐王在福州，鲁王在浙江，桂王在肇庆。但不到二十年，上述诸王相继破灭。

清军之入关而能急速灭南明，由于汉奸之助，于是清人论功行赏：

封吴三桂为平西王，居云南。

封尚可喜为平南王，居广东。

封耿精忠为靖南王，居福建。

"三藩"不能自安，于康熙十二年自请撤藩，竟得许可，遂作反。当时耿、尚各有藩兵八千，吴三桂则领绿旗兵一万二千，再加余丁四千，共有一万六千。当时清廷要付之兵饷甚重。清廷已内定撤藩，三藩内心实不愿撤，于是吴三桂首先发起反清，滇、蜀、湘、桂等六省响应，康熙十七年

第五十二章
南明之兴亡

吴三桂死,不久三藩乱平。

三藩之失败,主要是吴三桂不得人信仰,且三藩内部不一致。三桂晚年力衰,已无锐气。又加清主玄烨年少力壮,借汉人之力而平乱,遂由明而转清代。

第五十三章 清代之政制

清代十主，共二百六十八年。

清人统治中国后，初对汉人十分猜忌，努尔哈赤十分排汉。至清太宗则改采怀柔政策，并尽量利用汉奸协助管理，于康熙时尤甚。到雍正时，其人刻薄猜忌，施行高压政策。至乾隆时，大局已稳，高压更甚。

至于清之政制，仍师明室不设宰相，以大学士理国政，君王则实施独裁。

雍正时特设军机处，其权力大过内阁，然军机处并非相职。此时外廷不得预闻。

至于六部只是中央行政部门，其权力则不大。当时虽仍

第五十三章
清代之政制

有给事中,但只是御史官性质,对朝旨已无封驳之权,大权则全由帝王掌握。

此时之政权集中于中央内廷,各省总督、巡抚常以兵政凌驾于民政之上。

逢国家有大兵役,有皇上特派经略大臣、参赞大臣主理之,督抚则无权主管。

承平之时,各省均用满人为驻防将军,甚至汉人之绿营亦多用满员。

国家之税收,全用来养兵。

而各省督抚亦多用满人,偶用汉人者实出于不得已也。后来用汉人,但忌用江浙人为主。地方亲民官似无甚机会升迁,亦无发挥之权力。

三藩之乱平后,各省钱粮有余者,悉数缴到中央收藏,不准地方存留,因此地方无建设可言。

雍正以后,更收紧地方银饷,地方更无余款。

当时之翰林编、检等官及地方之道、府长官,均不得奏折上疏言事,并严禁读书人建议军民利病。

最要者,清政府划山海关以外之地为东三省,其政制则与内地不同。

清室对汉人管制甚严,但对蒙古、西藏、青海地区人民，则按旧俗松弛管辖。不让汉人任职理藩院，以免汉、蒙两族人有交接联络，则自然易于统治管理也。

清又沿用元明严刑，以残虐汉人。

至于汉化之程度，则清比元代为高。但其为狭义的部落，政权则毫无分别也。

第五十四章 清代之军事

清代之军力并非最强,主要是明政治腐败,再加上有汉奸之助力,才得以击败李自成、张献忠。且平定三藩时,乃全国汉人为将,并由绿营兵正式代替旗兵才能成事。

当时清军所用绿营兵达四十万之众,作战云贵地区,乃靠绿营兵冲前,旗兵随后,稍后又占服新疆、西藏、四川等地,亦靠赖绿营兵,且清军此时已识用炮,遂使蒙、回等败北。

清军所任用之大将多为汉人,如康熙时有姚启圣、施琅助定台湾;雍正时征服厄鲁特有年羹尧与岳钟琪,收复苗疆之张广泗;乾隆时靠岳钟琪胜金川之役;嘉庆时傅鼐征服苗族，李长庚平定东南沿海，杨芳、杨遇春等平定川楚；道光时杨芳平定回疆等。事业由汉人创，功赏由满人得。

到乾隆时，清军已几耗净，乾隆虽自称十全武功，但已是强弩之末矣。

乾隆多次用兵，军费使用颇巨。如初次金川一役，用兵费二千余万两。准回之役，用去三千三百余万两。缅甸之役，用九百余万两。第二次金川之役，用费七千余万两。廓尔喀之役，一千零五十二万两。台湾之役，八百余万两。总计一万五千万两以上。而其中缅甸之役，历时二十余年，尚未竟功。

当时用满兵作战之费，多于用汉兵一倍，因此乾隆卒用汉兵多于满兵，为节省军费也。

乾隆好大喜功，所耗军费庞大，遂致清代之衰运来临，不可避免。

第五十五章 明末遗民与清初学风

清人入关后,明代士大夫激烈反抗,尤其以江南一带最盛。当时清人武力不足,对汉人初甚宽容,即容许开科取士,并开放政权,对传统汉人之政制接纳让步。

首先,北方之士大夫与清政府妥协。但清政府颇用手段,一面照旧制保持汉人习俗,一面严行剃发令,要汉人文化上屈服。在清军高压政策下,汉人不得不屈服,而南方士人反抗之心仍较烈。但为了应举做官,不陷入耕农经商之穷途,则唯有与清政府妥协,参加科举。而明末遗民,不屈服于清代科举者,则有如下几项出路,如:方密之之出家,吕晚村之行医,孙夏峰、颜习斋、张杨园之务农,张杨园之设处馆讲学、李二曲、王船山之隐居，刘继庄、李恕谷之担任游幕以及顾亭林、吕晚村之经商等。明末遗老们不愿转职者，则致力于学术文化工作，他们为了反清复明，竟有主张恢复封建者，盖有封建，便会有大门第，便容易在社会分裂情况下推翻旧制度。士大夫之笃实学风与坚贞志气保持数百年之久直至清末。此股力量，使清以武力夺得政权以后，不得不考虑应维护人心之安定。

于是清政府一面解放其政权，一面尽量推行汉化。此点于清初康熙帝尤为用力。

康熙由青年时勤学以至咳血而仍不放弃苦读，即使三藩乱起，仍勤读不辍，终于到达无不通晓之境地。而在委曲求全下之中国士人，亦以明末遗民为榜样，因此在参与吏治方面亦甚用心而踏实，遂使清初政况稍胜于明代中叶。

清初以来，反抗清政权较烈的江浙一带，因鄙视清政权而影响及于轻视科举制。

当时江浙士人以不应科举之家传经训为最有声望，最有骨气。

当时清代只有官办的书院收买贫苦之士人，如当时有名儒如全祖望、钱大昕、李兆济等，无志仕途，则唯有入书院讲学以维生。

第五十五章
明末遗民与清初学风

当时江浙地区较其他省份富庶,因此藏书亦多于他省,如乾隆朝之《四库全书》共七套,内廷占四套,而江浙占三套,存于扬州、镇江及杭州各一套。可见江浙之学术气氛较他省为高。故江浙考证汉学之风在抗异族抗现实之情况下,始终持之不衰,不过却由爱好民族文化转变为纯学术之探讨,而脱离了现实。

第五十六章 清代之政风与洪杨之乱

清代康熙、雍正、乾隆三朝过的比较平稳安静的日子,但乾隆下半期已步入衰运。这是由于皇帝一代不如一代。康熙宽仁为怀,到雍正虽治政精明,却刻薄;乾隆则好大喜功,但国富民强。康乾时期相当于唐代贞观与开元、天宝。

清室之衰落,除帝王日衰外,还加上满官之贪污放肆。如乾隆晚年之和珅为相二十年,贪污达八万万两,相当于国库十年以上之岁入,于是遂有"和珅跌倒,嘉庆吃饱"之谚语。当时外省疆吏亦兴起贪渎之风。

由于清室满人贪腐,遂使汉人志气堕落,吏治日坏。洪亮吉嘉庆年间上疏,谓:"士大夫渐不顾廉耻,有尚书侍郎甘

第五十六章
清代之政风与洪杨之乱

为宰相屈膝者。"洪氏又谓:"今日州、县之恶,百倍于十年、二十年之前。无事则蚀粮冒饷,有事则避罪就功。"由于吏治差,各省遂有亏空。此乃由乾隆四十年后开始。地方官吏,已不顾及民生,而只是横加赋敛,刮民脂民膏以利己殃民。

此时期户口激增,而民间经济日坏。遂至乾隆末年,民变频频发生。如乾隆三十九年有王伦临清之乱,四十六年有甘肃回叛,六十年有湘桂苗变,稍后又有川楚教匪等。川楚匪乱直至嘉庆七年才平定。

川楚匪乱达二百万人,波及燕、齐、晋、豫、秦、蜀诸省,自称官逼民反,清廷历时九年才平定之。此时满族兵力不足以平乱,乃靠地方团练平之。继起又有浙闽海寇,山东天理教平定后,至道光末年乃有洪杨大乱起。

起初洪秀全、杨秀清用"天厌满清""朱明再兴"等口号,亦自称官逼民反。当时有人利用宗教煽惑鼓动农民反政府,洪秀全用天父天兄的造托,在广东山区吸引农民扰乱拥戴。洪杨革命最重要之一点,是他们能明白举起种族革命的旗号。

太平天国二年,洪秀全等提出满人十余万民众如何能管制汉人五千余万大众,此一种族之争,成为制胜清政府最响亮之口号。

洪杨反清又利用当时广东之三合会，洪等强调三合会志在反清复明，即借此恢复旧山河，以建立新朝。洪杨乃利用此民族旧恨，以鼓吹反清，较前更烈也。

洪杨官制，王分四等，侯分五等，其下有六官丞相，殿前检点、指挥、将军等，在军事上则有军帅统领一万二千五百人，下辖五师，一师辖五旅，一旅辖五卒长，卒长各领百人，并辖四两司马等。

又，太平天国天朝田亩制度，分田为九等，各按家口多寡以行分田。凡天下田，男女同耕，此处不足则迁彼处。凡天下田，丰荒相通，此处荒则移彼丰处，以赈此荒处。务使天下共享天父上主皇上帝大福。有田同耕，有饭同食，有衣同穿，有钱同使。无处不均匀，无人不饱暖，等等。

天朝并颁下多项禁令，有禁缠足，禁买卖奴婢，禁娼妓，禁畜妾，禁吸鸦片等。

天朝诸王入南京，内讧日烈，各王互相残杀，洪秀全乃专用长兄洪仁发安王及次兄洪仁达福王，自此众叛亲离，仅剩之翼王石达开亦一去不返，因此洪杨败局已定。其前后十五年，据金陵十二年，扰乱十六省，终归于失败矣！

第五十七章　咸同中兴

平定洪杨之乱的,并非清政府及其朝臣,乃是靠一班读书人及农民。当时曾国藩平定金陵洪杨乱事后,推满臣官文奏捷。

由于洪杨用耶教宣传,引起农民之不满,于是曾国藩用农民组成的湘军遂起抗拒之。曾氏之反洪杨,乃不满洪杨窃外夷之绪,崇天主之教;农不能自耕以纳赋,谓田皆天主之田;商不能自贾以纳息,谓货皆天主之货;士不能诵孔子之经,主张要读耶稣之说、《新约》之书,因之激起民变。洪杨之失败,并非不能够推翻清政府,而是不能推翻中国社会固有的道德信仰与传统习惯。

洪杨当时在南京而不北上，乃因长江有舟船可资利用，故不想再去北方。

而湘军却有荡平天下、安定邦国之理想及心理准备，且曾氏用兵亦有计划与推行之步骤，并一生以天下为己任。他同时网罗人才，提倡风气，重视学术文化，而幕府宾僚，人才济济。

洪杨入南京后，互相残杀，任用家人，而众叛亲离。文治制度方面，又不上轨道。亦不能广泛吸纳人才。一无建树，安得不败也？

洪杨之乱平定后，捻回之乱又起。清廷无法，仍得靠赖湘军。

曾国藩于同治三年克复南京后，命部下率军赴皖鄂交界处剿捻。曾荐李鸿章自代，同治六年捻平。接着左宗棠又平定甘肃、新疆之回乱。李、左同为曾国藩一系人物也。

曾、左、李加胡林翼，同为同治中兴之人物，但他们能平乱，却不能办治事。又因清政府猜忌汉人，故不能推诚大用。兼具胡林翼早卒，曾、左一直驰骋于疆场，未能为中央大臣，对朝政并无贡献。故乱事虽平，但吏治仍然腐败如昔，社会元气又大伤，朝政当然无法振作了。

第五十八章 晚清之政局

清代的部族政权，咸同中兴以后，即趋衰落。首先是外患纷起。

道光十八年，政府派林则徐赴广州禁鸦片，终于不敌洋寇，于二十二年订立《南京条约》，割香港给英国，并许五口通商，称为鸦片战争。

咸丰七年，英法联军陷广州并进侵天津，陷大沽炮台，后侵入北京，圆明园被烧。

光绪五年，日本灭琉球。

光绪八年，与俄定喀什葛尔东北界约。

十年，中法战起，败而失安南。

十二年,与英订缅甸条约,失缅甸。

十九年,英法逼暹罗废止入贡中国。

二十一年,中日战后议和,割台湾,失朝鲜。

二十三年,德占胶州湾。

二十四年,俄借旅顺、大连,英租威海卫。

二十五年,法占广州湾。

二十六年,八国联军入北京,光绪逃西安。

二十七年,订辛丑和约。

二十九年,日俄以我东三省为战场。

三十一年,与日订满洲协约。

宣统二年,外蒙、库伦携贰,日本并灭朝鲜。

三年,英兵侵占片马。

东西方势力侵入中国,清室愚昧无法适应,以致丧权辱国。

其次,清室内政腐败,财政极度困乏。

再者,清廷官方无能懦弱,捐钱可得官职,当时捐百余金可得佐杂,千余可得正印,即道、府之官,亦不过三四千金可得。

另外尚有劝捐。顺天赈捐一案,保至一千三百余人。山东工赈,保至五百余人。吏途如此混乱,官方当然无法上

第五十八章
晚清之政局

轨道矣。

因此,有人思以变法图强。但清廷满官以为祖法不可变,且汉人亦随之腐化,主正义变法者日少,因此变法图强者,只是空话而已。

且当时思变者,只知兵事外交,而不知民政内治;只知朝廷洋务,而不知有国民国务。即使上述局部思变,亦遭当时人之反对。因此思变之事务,时日迁延甚久。外患时刻逼近,政事迟迟不进,遂使识时务者转移到人才与教育方面着手。

于是当时遂有人兴起办学校废科举。

首先办学校者,大抵只关乎研究语言文字,以及军事与机械制造。如京师同文馆、上海广方言馆、福建船政学校、天津水师学堂、广东水陆师学堂及湖北武备学堂等,此等学校皆由地方督抚筹办,而中央发起。

继而有普通学校之设立,如光绪二十二年上海设南洋公学,内附设小学;天津设头二等学堂,上述均相当于今之中学。至光绪二十四年,开始筹办国立京师大学堂。至庚子政变后,二十七年,始有复兴学校之议。内有速成科及仕学、师范二馆,略近当时之科举思想而已。此种晚清之兴学,亦与北宋之书院讲学无法相比,甚至亦不及魏晋南北时代的佛学寺院。其目的只是为入学者出来后得一职位与地位而已，可称为"洋八股""洋翰林"。

因此，废弃了隋唐以来的科举制，而以学校为替代。于是有"中学为体，西学为用"之理论出现。

第五十九章 晚清之政治改革

晚清之政治改革，首先是戊戌政变，接着便是辛亥革命。

政变之改革，仍可允许清王室存在，待到王室与满洲部落及旧官僚合作拒绝改革，遂主张一并推翻清王室。

戊戌政变历时百日，故又称百日政变，或称百日维新。此政变实际上历时九十八天，其失败之原因，在于政变人士依靠皇帝而发动，而皇帝并不可靠。光绪易冲动而机警、严毅不足。当他读到康有为的《波兰亡国记》及《突厥亡国记》时，涕泗横流，富感情而不够严毅沉着。

其次是此种变法，并非革命。康有为只是一工部主事小官，无权无位，故无法推动政变。

另一失败原因是政令太快太速,无按部就班之条理与方案。

而且当时旧势力仍十分顽强,足以阻碍改新运动之推行。结果康、梁逃亡海外,戊戌六君子被杀。但因此而激起更大之反响,使满洲政权早亡。

戊戌政变后,庚子拳乱随即发生。满洲部族政权利用排外之拳民来维系其政权。因拳民排外而不变法,于满政权有利而无害也。

此时期,满洲贵族有意组成一排汉之中央集权,光绪三十二年组成之内阁,满七人,蒙一人,汉军旗一人,汉四人。此时汉人反满唯一之途径,唯有推翻满人政权。光绪、慈禧逝世后,溥仪即位,其父载沣为摄政王监国,兼自统禁卫军,并由其弟载洵统海军,载涛为参谋大臣,并组成新内阁,满人增至九席_{内五人为皇族},汉人四,此满汉之界限益显。因汉人不满,唯有革命爆发之一途。

第六十章 辛亥革命后之政局

戊戌政变本来是曾国藩、李鸿章、光绪帝及康有为等人所希望的政改，此种改革是牺牲较少的和平改革，但不成事，唯有由社会发起之辛亥革命来完成，此乃由于清政权不明事理，死握政权所致。

因此辛亥革命爆发，清王室退位，但推翻后须建立一有理想之新政府，则不是马上可成，而是一艰苦工程之开始。

此时期维护清王室之旧势力反间猖獗。此等旧势力乃依附于各省割据之军人，既导源于元明行省制度之流弊，亦受洪杨以来各省督抚离心态度之演进，遂演变成民国以来之督军。如当时袁世凯能忠心于民国，则不易发生如此众多之兵变。当时全国各地军队多达二百万人,有人统计,民国十一年(1922年)以来,各地兵变达一百七十九次之多。且军阀们生活腐化,而国家民族为扫荡此辈军阀,遂元气大伤。直到民国十七年(1928年),国民革命军再度北伐,局势始见安定下来。

同治、光绪年间,主张船坚炮利。

戊戌政变以来,所变在法律政制。

民国以来,即有文化、社会之革命。

自民国四年日寇侵华开始,直至民国二十年(1931年)"九一八"沈阳事变,东四省[1]被侵占,一直到二十六年(1937年)"七七"卢沟桥事变,才一致对日抗战。

---

1 编按:抗日战争以前,中国东北地区的黑龙江、吉林、辽宁三省及旧热河省,合称东四省。具体指奉天省(今辽宁、吉林东南部、内蒙古通辽、内蒙古兴安盟)、吉林省(今吉林和黑龙江东部)、黑龙江省(今黑龙江中西部和内蒙古呼伦贝尔)和热河省(今河北承德和辽宁义县、锦州以及内蒙古赤峰、通辽)。

出版说明

钱穆讲授、叶龙记录整理的《中国文学史》出版后，备受各方关注。《中国通史》继之而来。

钱穆先生乃一代通儒，尤以治史闻名。其与吕思勉、陈垣、陈寅恪并称为"史学四大家"，《国史大纲》风行至今。

钱穆先生曾三度讲授"中国通史"：一于北京大学，二于西南联大，三于香港新亚。

在北大讲授四年，除本校学生外，许多外校学生慕名而来，课堂每每人满为患，可谓盛况空前。在西南联大讲授时，听课场面颇为壮观，乃至钱先生要上讲坛都无路可走，需踏着学生的课桌才能通过。尔后，钱穆先生辗转于香港，复讲"中国通史"课程。叶龙即修习于此一时期。他六十年来悉心保留课堂笔记，近年来才颇费心力逐字整理出来，以飨读者。故本书是以钱穆先生在香港新亚书院第三度讲授"中国通史"课堂记录稿为底本，可视为"《国史大纲》课堂版"。

因此书稿系课堂记录，又有五十万字的《国史大纲》在前，故详略轻重之间偏重简约，要言不烦；钱先生课堂上思维跳跃，兴之所至，时或奇谈妙论，常有率性之语。很多地方只是做简略的、跳跃式的讲述。敬祈读者明察。

在本书的编校过程中，除了据钱穆先生的著作进行查证核对，还曾先后请北京大学出版社资深编审胡双宝先生、资深编辑韩路民先生予以校读，进行最后勘误和修订，力求精细，减少讹误。然限于时空流转，依笔录校订，恐仍存有若干错讹之处。在此，敬请各方读者和有识之士斧正。

商　祭祀狩猎涂朱牛骨卜（刻）辞

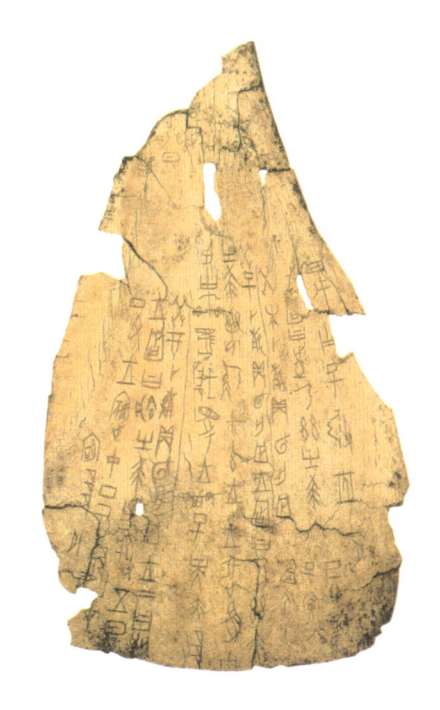

汉代武梁祠砖画之周公辅成王

桓公葵丘大会

晋文公朝天子

《帝鉴图说》之秦始皇遣使求仙

《帝王道统万年图》之汉高祖事迹画像

《帝王道统万年图》之汉武帝事迹画像

明　仇英《明妃出塞图》

《帝王道统万年图》之汉光武帝事迹画像

明　戴进《三顾茅庐图》

清　谢彬《淮淝奏捷图》轴

南宋　佚名《梁武帝半身像》

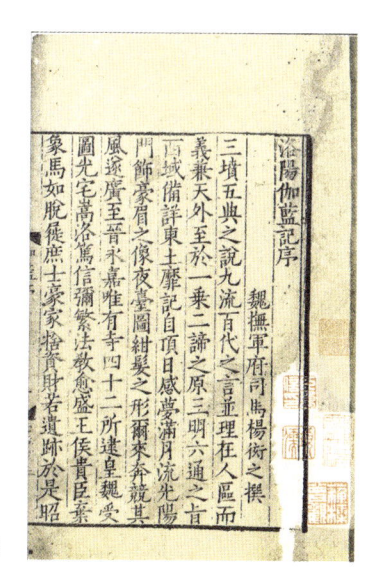

《洛阳伽蓝记》书影

唐　阎立本《步辇图》

唐　李昭道《明皇幸蜀图》

《帝王道统万年图》之宋仁宗事迹画像

清　叶衍兰《苏轼像》

司马光彩像（清殿藏本）

王安石彩像（清殿藏本）

元　佚名《元太祖成吉思汗像》

元　刘贯道《元世祖出猎图》

明 《明太祖朱元璋坐像图》轴

朱棣像

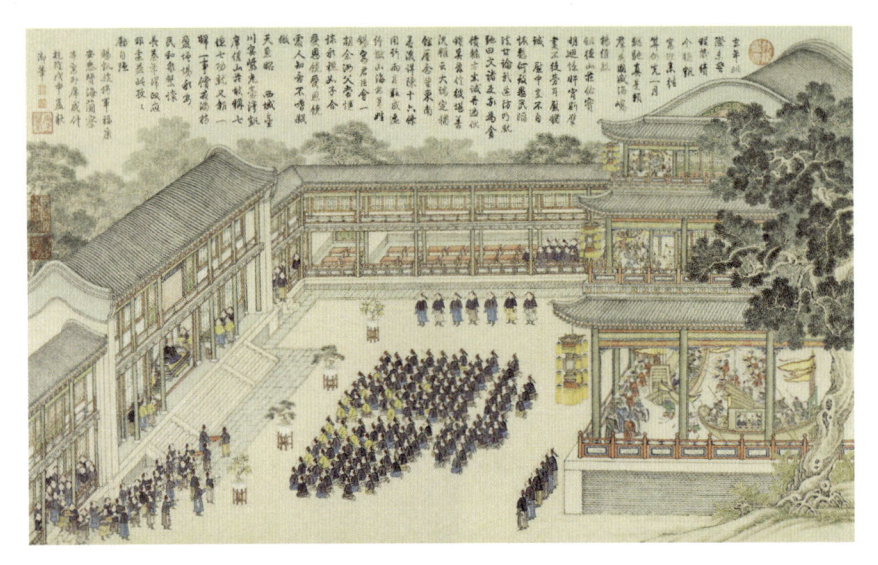

清　佚名《平定台湾战图》

清　佚名《平定太平天国战图》